은행을 활용하여
## 부자되는 습관

The habit of making money by banking

# 은행을 활용하여
# 부자되는 습관

은행가기 전
알아두면 좋은
은행 활용법

RICH

박은영
지음

사회 초년생, 직장인, 은퇴자들께 꼭 필요한
현직 은행 지점장의 생생한 은행이야기!

: Tip 1 :
유익한
생활정보와
실전 금융거래

: Tip 2 :
적금부터 펀드,
보험, 연금까지
야무진 설계법

: Tip 3 :
쉽고 재치있는
돈 관리 방법
소개

지식공감

행복한 삶!

되고 싶은 부자의 모습이 다 똑같을까?

사람마다 보아온 부자의 모습이 다르기 때문에 닮고 싶거나 상상한 부자의 모습 또한 다 다르다. 과연 우리는 어떤 부자를 상상하고, 어떤 모습으로 살기를 기대할까?

사람마다 어울리는 옷이 다르다. 어떤 사람은 명품이 아니더라도 멋있고 우아하게 그리고 편하게도 입는다. 그러나 어떤 사람은 명품을 입어도 어울리지 않거나, 때론 본인뿐만 아니라 남에게까지 불편하게 보일 때도 있다.


우리의 삶도 마찬가지!

본인에게 맞고 어울리는 돈의 크기가 있으며, 노후의 모습이 있을 것이다. 아무리 돈이 많다는 워런 버핏의 삶이 나에게 주어진다 해도 나는 그와 같이 살 수 있을 것 같진 않다. 그 큰 재력을 지키는 방법도 베푸는 방법도 모르기 때문이다.

행복하기 위해서는 무엇이, 얼마나 필요할까?

돈에 대한 고민

세상에 놀랄 일들이 발생할 때마다 부자와 빈자들의 모습이 뒤바뀌기도 하고, 빈부차가 커지기도 하며, 사업가로 성공 가도를 달리던 사람들이 신용불량자로 전락하기도 한다. 돈이란 무엇이며, 무엇을 잘했고 잘못했길래 이들의 운명이 이렇게 달라질까?

그렇다면 나의 미래 모습은?
은퇴 후 긴 세월은 잘 보낼 수 있을까?

부자의 법칙, 몇 배나 돈을 불려주는 재테크 노하우 등 책들을 통해, 많이 배우기도 하지만, 구체적으로 어떻게 해야 할지는 계속 의문으로 남는다.

믿었던 금융기관에서 잘못 가입한 금융상품으로 퇴직금을 날리는 사람들, 주식으로 많은 돈을 잃는 사람들. 맹지·지분매입 등 부동산에 대한 기초 지식 없이 팔지도 못하는 부동산을 매입하고, 해마다 재산세만 내느라 분통을 터트리는 사람들도 많이 있다. 그러한 부동산이 자식에게까지 상속되어 버리면 그 고민은 대를 잇게 된다.

은행에서 만나는 사람들

은행에서는 각양각색의 사람들이 끊임없이 오고 간다. 사업가, 회사원, 예술가, 의사, 학생, 그리고 엄마 손을 잡고 통장을 만들러 오는 귀염둥이 꼬마손님들까지. 다양한 사람들이지만 공통점이 있다. 모두가 돈과 관련이 있다는 것!

돈을 모으려는 사람, 불리려는 사람, 대출을 받으려는 사람, 송금을 하려는 사람, 주식투자를 하려는 사람, 외국에 유학을 보낸 아이에게 학비를 보내려는 사람 등등.

다양한 사람들이 모여서 돈에 대한 주제로 많은 이야기가 쏟아지는 이곳은 돈이 거래되는 시장이다. 그러다 보니 은행은 가만히 앉아서 돈과 관련된 수많은 세상 이야기들을 들여다볼 수 있는 아주 좋은 곳임에는 틀림없다.

신입사원 시절엔 업무 처리를 하기에 바빠 고객님들의 이야기가 귀에 들어오지 않았지만, 이제는 제법 세상 사는 이야기들을 알아듣기도 하고 거들기도 한다. 그러면서 느꼈던 것은 고객들은 돈 관리를 하긴 해야 하는데, 궁금한 많은 것들의 답을 얻을 곳이 마땅치 않다는 것이었다.

은행직원에게 무언가를 묻고 싶어도 워낙 바쁘니 물어볼 수도 없고, 은행직원이 무어라 말은 하는데 잘 못 알아듣겠으니 미심쩍어도 그냥 돌아가는 일들이 다반사다.

그래서 단순한 업무만 보는 은행에서, 복잡한 상품들에 대한 금융 용어를 잘 알아듣고, 재무설계와 돈에 대하여 좀 더 전문적인 서비스를 받으셨으면 하는 생각으로 글을 썼다.

지피지기면 백전백승, 아는 만큼 보이는 법!

큰 틀에서 재무설계와 은행 활용법, 보험, 연금, 투자, Well dying 등에 대한 이야기를 했고, 사소한 듯하지만 알아 두면 유익할 금융거래와 실생활에 필요한 Tip들을 소개했다.

세상이 변하듯 여기에 소개된 내용들이 변경되기도 하고 진화하기도 할 것이다. 그러나 이를 시작으로 쉽고 알뜰하게 재산관리의 기초를 닦았으면 하는 마음이다.

2018년 5월
박은영

- - - - - - -
Contents

## 01 세상과 나

## 02 재무설계

## 08 알아두면 유익한 정보

## 09 Well Dying

01

세상과 나

부자가
되기 위해
지금무엇을
하는가

# 세상이
## 빠르게 변하고 있다

인류의 4대문명 발상지는 B.C. 4,000~B.C. 3,000년경부터 나일강 유역의 이집트문명, 황하강 유역의 황하문명, 인더스강 유역의 인더스문명, 티그리스·유프라테스강 유역의 메소포타미아 문명을 들 수 있다. 아주 오래전 문명의 시작과 함께 많은 부가 축적되었던 곳이었다. 이후 아프리카지역의 문명이라고 할 수 있는 이집트를 기점으로 그리스, 로마, 유럽 전역을 거쳐 미국, 일본으로 세계의 부는 이렇게 이동했다. 점차 더 커지고 더 빠르게.

다음은 어디인가? 한국일까? 중국일까?

산업혁명 이후 육체노동은 3D프린트와 로봇으로 대체 가능해졌고, 사무직 또한 점차 설 자리를 잃어 가고 있다. 내가 30여 년 근무한 은행은, 아마도 머지않은 날, 은행원이 없는 은행으로 바뀔 것이다. 우리 지점은 10년 전 30명이 일하던 곳이었다. 지금은 12명이 일하고 있으며 이제 또다시 2명 정도는 줄어도 지점운영에 지장은 없을 듯하다.

14년 전 대학원 논문을 준비할 때의 일이다. 어느 책에선가 은행에서 하는 업무를 향후 인터넷 전문회사가 맡게 될 것이라는 글을 보고 이게 뭔 말인가 했던 기억이 난다. 그런데 14년이 지난 지금 현실이 되어버린 것을 지켜보며 세상은 생각했던 것보다 빠르게 변하고 있음을 느낀다.

고용사회의 시작은 1910년 미국 포드자동차의 대량생산체제가 도입되면서이다. 거대조직이 돌아가기 위해서는 주어진 역할을 충실히 수행하는 노동자와 효과적으로 통제하는 관리자가 필요했다.

우리나라는 1970년대 압축 성장시대에 대기업 중심의 노동자와 관리자들이 산업발전에 크게 기여했으나, 이제 그 화려한 시대는 기계화와 로봇들에 의해 막을 내리고 있다. 압축성장시대의 고용사회 인재기준은 명확했다. 그러므로 학교 교육 내용도 명확했다.

그러나 이제 고용주는 더 이상 기계와 로봇, 인공지능으로 대체 가능한 노동자와 근로자는 필요로 하지 않는다. 그러니 과거와 같은 학교 교육도 불필요하게 된 것. 이제 학교 교육만으로는 미래가 절대 보장되지 않는다. 설사 회사에 몸담고 있는 정규직도 안심할 수 없는 상황! 나를 고용한 회사도 미래가 보장되지 않기 때문이다.

그러면 어쩌란 말인가?

그 무엇으로도 대체 가능하지 않은 나의 필살기나 나의 전문성을 갖추어야만 하고 미래를 보는 통찰력도 지녀야 한다. 직장에서는 자신만의 차별화된 역량을 가져야 하고 만약을 대비해 회사 없이도 생존할 능력을 확보하여야 한다. 직장에서의 명함을 버리고 나면 나는 무엇으로 나를 표현할 수 있을까?

# 무엇이 문제인가?

2016년 통계에 의하면 세계에서 가장 부유한 62명이 가장 가난한 36억 명 만큼의 부를 가지고 있다고 한다. 세계인구 72억 명 중 62명이 인류 하위 절반이 가진 부를 보유하고 있는 것이다.

20C 의학은 평등주의에 기반한 대중의학 시대였다면, 21C 의학은 소수 부자들의 전유물이 될 것이라는 이스라엘 역사학자이자 『HOMO DEUS』를 쓴 유발 하라리의 예측처럼 인간 수명의 대폭 연장과 몸과 마음을 업그레이드할 의학 기술발전 혜택이 지금과 같이 대중들의 것은 아닐 수 있을 것임에 나는 동의한다.

미래학자 앨빈 토플러가 쓴 『제3의 물결』 속의 글이 생각난다. 책 중의 일부를 소개하자면 수수료 절감이나 가격을 더 싸게 해주겠다는 명목 아래 기업들은 직원이 하여야 할 일들을 일반인들에게 전가

시키고, 직원을 줄여서 더 많은 수익을 창출한다는 내용이다. 그리하여 일반인들은 알뜰한 소비가 되어 지출은 줄어들겠지만, 그동안하지 않았던 일들로 일상은 점차 바빠지고, 정작 일을 하여 얻을 수 있는 수입은 줄어든다는 것이다. 현실로 나타난 것들을 예로 들어보면 슈퍼마켓에서 카트를 끌고 다니며 필요한 물건들을 직접 고르러 다니는 일은 이제 일상화되었고, 은행에 가서는 은행원에게 가지 않고 현금자동입출금기 앞에서 은행 일을 직접 처리하는 것 등등이다. 물건 값은 싸졌고 은행에 수수료는 내지 않아도 되었지만 일자리는 계속 줄어 내가 설 자리들을 잃어버렸다.

얼마 전 외국에 나갈 일이 있어 공항에 들렀다. 비행기표를 내가 직접 발급받았고 짐도 직접 붙였다. 항공사 자리에 앉아 있던 직원들이 사라졌다. 내가 항공사 신입직원처럼 우왕좌왕하며 그 일들을 하고 있었다. 겨우 짐을 붙이고 나서 느꼈던 감정은 '세상과 지속적으로 소통하지 않으면 언젠가 나는 한 발짝도 집밖에 나서지 못할 수도 있겠구나'였다.

은행원만 할 수 있었던 은행 업무는 이제 아무런 직무교육을 받지 않은 다른 직업을 가진 일반인들이 너무도 능숙하게 할 수 있다. 이제 그 단순 업무를 위한 은행원은 필요치 않은 것이다. 다른 전문직군도 마찬가지가 아니겠는가? 높은 학력의 일반인들과 넘치는 지식정보로 인하여 이제껏 전문분야로 인식되었던 것들이 점차 사소한 분야로 바뀌고 있다. 이뿐만이 아니다. 기계와 로봇들이 대부분의 사람을 대체하는 현실은 이제 물질 공급과잉에서 사람의 공급과잉 시대로 변하고 말았다. 공급과잉! 이제 물질에서 사람이 되어 버린 것이 문제인 것이다.

# 어떻게 할 것인가?

이렇게 세상은 급격한 속도로 변하는데 나는 준비가 되어 있지 않다는 게 가장 큰 문제이다. 은행을 찾으시는 분 중 가끔 현금인출청구서 작성을 못하거나, 인터넷·모바일뱅킹·카드 등을 안내해 드리면 거부하거나 색안경을 끼고 직원을 나무라는 경우들을 본다. 이제 은행에서는 내부규정으로 종이통장은 폐지되었고, 일부 국가에선 현금도 사라지는 시대가 되었는데, 그렇게 살기엔 삶이 너무 많이 남아 보이는데도 세상과 무관한 존재로 살아가려는 분들을 바라보며 많은 생각에 잠긴다.

DOS라고 하는 컴퓨터 프로그램을 배우러 다니던 때가 엊그제 같은데, 20여 년이 흐른 지금 이제 인터넷 없이는 한시도 살 수 없는 시대가 되어 버렸다.

결론은 세상을 읽을 통찰력과 세상과 소통할 줄 아는 꾸준한 자기관리, 그리고 내 몸과 가족을 지킬 만큼 최소한의 돈은 벌어야 하며, 그 돈을 지킬 수 있는 능력을 가져야 한다. 그 힘은 거저 주어지지 않으며 생각만큼 쉽지 않다.

재산관리도 기초부터 잘 다져야 안전하고 풍요롭게 성장 발전시킬 수 있다. 예전과 달리 위험이 곳곳에 도사리고 있는 지금. 처음부터 차근차근 알아가고 실천해야 한다. 무너지지 않을 집을 짓듯 야무지게 관리하고 불려 나가야 한다. 버는 것도 중요하지만 쓰는 것도 중요하다. 자식에게 줄 때도 현명하게 주고 멋지게 사회에 기부도 하고……

언젠가 생을 마감하는 날!

열심히 벌었고 지켰으며, 멋진 세상 신명나게 한판 잘 놀다 간다며 웃을 수 있어야 하지 않을까?

부자가
되기 위해
지금 무엇을
하는가
?

# 02

재무설계

부자가
되기 위해
지금 무엇을
하는가

# 자산과 빛에 대한
# 다른 생각

○ **자산이냐? 빚이냐?**

자산과 부채 즉 빚에 대한 개념을 잡아 보자.

기존에 가지고 있는 자산과 빚에 대한 고정관념을 깨고 새로운 방식으로 접근해 보려 한다. 보통 자산과 빚을 구분할 때 내 것이면 자산, 남에게 빌린 것이면 빛이라고 분류한다.

그러나 나는 다르게 생각하고 싶다.

자산은 돈이 주머니 안으로 들어오게 하는 것, 빚은 돈이 주머니 밖으로 나가게 하는 것. 즉 소득이 발생하는 것은 자산이고, 비용이 발생하는 것은 빚으로 구분한다.

그 논리로 생각해 보자!

자동차가 자산일까? 빛일까? 내가 살고 있는 집은 자산일까? 빚일까?

자동차는 빚이 아닌지는 몰라도 적어도 자산은 아니다. 돈 먹는 하마일 뿐 아니라 되팔 때 그 가치가 존속되기 어렵기 때문이다.

또 하나 내가 살고 있는 아파트는 자산일까? 빚일까? 예전처럼 급속히 가격이 뛰던 시절은 자산이 맞다. 그러나 지금은 단연코 아니다.

예를 들어 30평대에 살아도 되는 우리 가족이 50평대에 살고 있다면? 이렇게 과분한 집이라면 100% 자산은 아니다. 나에게 맞는 30평대의 집보다 더 많은 관리비용과 대출이자, 난방비까지 부담하고 있으니 안 나가도 될 돈이 나가고 있는 상황이다. 그렇다면 이는 내 자산이 줄어드는 요인이니 줄어드는 만큼은 자산이 아니라 빚으로 간주하여야 한다. 집을 줄였을 때 얻을 수 있는 차액을 저축한다면 분명 나에겐 자산의 크기가 커질 테니 불필요하게 큰 집의 일부분은 빚이라 하겠다. 이처럼 자산으로 분류했는데 내 자산이 줄어드는 요인이 있는 자산이라면 이는 다시 생각해봐야 한다.

지금 내가 가진 자산은 나를 점점 부자로 만들어 주고 있나? 아니면 점점 가난하게 만들어 주고 있나?

빚도 마찬가지다. 대출을 부담하고 구입하였으나 향후 가치가 오를 것이라든가, 대출이자와 감가상각을 감안하고도 더 많은 수익을 거둘 수 있다면 이를 모두 빚으로 간주하여 구입을 미루는 것은 현명하지 않다. 빚을 활용한 자산 구입도 재산형성의 아주 좋은 방안이다.

지금 가지고 있는 것들이

돈이 들어오는 자산인가? 돈이 나가는 자산인가?

아니면 돈이 들어오는 빚인가? 돈이 나가는 빚인가?

이와 같이 자산과 빚에 대한 새로운 가치를 정립한다면 내가 구입하고자 하는 혹은 보유하고 있는 자동차, 집 등, 사물을 바라보는 시야가 넓어지고 생각의 크기도 달라질 것이다.

# 인적자산,
# 물적자산

　자산에는 인적자산과 물적자산이 있다. 인적자산이란 자기 자신이며 가장 핵심자산이다. 물적자산이란 현재 나의 자산과 부채현황이라 할 수 있다. 이를 좀 더 살펴보자면, 인적자산은 나의 몸값이라 할 수 있으며, 물적자산은 지금까지 축적한 돈의 합이라 할 수 있겠다.


## ○ 인적자산 가치는 어떻게 계산할까?

　많은 연예계, 스포츠계 스타들의 몸값에는 익숙했으나, 나의 몸값에 대한 계산은 아마도 생소할 것이다. 그러나 스타들의 몸값은 사실 호기심은 있겠으나 나와는 무관한 일!

　이제 내 몸값을 한번 계산해 보고 그들과 비교도 해 봐야 하지 않겠는가?

그 개념에서 나의 몸값 계산을 해보자.

크게는 세계 경제, 작게는 개인 간 금전대차에 이르기까지 경제 흐름에 가장 기본이 되는 잣대는 금융기관에서 결정되는 금리가 된다. 그렇기 때문에 기축통화를 보유하고 있는 세계경제의 큰 축이 되는 미국이 금리를 올리겠느니, 내리겠느니 발표를 하면 주식시장을 비롯하여 세계경제가 출렁이게 된다. 금리 중에서도 쉽게 접근할 수 있고 객관적이기도 한 것은 금융기관에서 적용되는 1년제 정기예금 금리 혹은 대출 금리이다.

이를 몸값계산에 적용해보자.

내 몸은 자산 개념이므로 예금금리로 평가해본다. 간단히 말해 은행에 얼마를 맡기면 내 연봉이 나오느냐를 계산하는 방식이다. 나의 연봉을 금융기관 금리로 역산해 보면, 계산식은 몸값 × 정기예금 1년제 금리 = 본인 연봉이다.

예를 들어 1년제 금리가 연 1.5%이고 나의 연봉이 45,000,000원이라면, 이를 위의 예시에 대입하면 몸값 × 연이율 1.5% = 45,000,000원이 된다.

몸값의 답은 30억 원인 셈이다. 생각보다 많은가? 적은가? 그러나 여기서 중요한 것은 이 몸값의 가치변동이다.

몸값이 오르고 있는지, 내리고 있는지.

또 하나 명심할 것은 연봉계약을 하고 있는지, 고용주가 때가 되면 계속 올려주고 있는지, 아니면 변함이 없는지, 혹은 더 내려가지는 않는지이다.

만약 근로소득자가 갑자기 퇴직을 하면 연봉이 사라져 버리는데 이때 몸값은 어떻게 될까?

다른 소득 없이 근로소득자가 퇴직을 한다면 몸에 대한 자산 가치는 바로 '0'이 되고 만다. 그러므로 몸값을 올리기 위한 자기계발과 소득 다변화를 이루는 것을 그 어느 재테크보다 우선시하여야 한다. 그러나 직장인에게 가장 큰 수입원은 자신이 하는 일에서 벌어들이는 임금인데, 직장에서 자기관리를 소홀히 하고 인적 계발을 하지 않으면서 주식투자 등 다른 한방을 꿈꾸는 재테크를 위하여 열정을 쏟는다면 이는 직장마저도 잃을 수 있는 현명하지 못한 일이 된다.

수입에서 중요한 한 가지를 더하자면 지속성이다. 꾸준히 버는 것만큼 많이 벌 수 있는 것은 결코 없을 것이다. 우리가 어떤 일을 계획하고 열심히 하다 지쳐 하루 이틀 미루다 보면 나중엔 따라잡지 못하고 포기하는 것이 다반사인 것과 일맥상통하는 바이다.


○ 물적자산 가치는 어떻게 계산할까?

매월 또는 해마다 객관적이고 합리적인 자산 가치를 산정하여 정기적으로 작성하는 것이 바람직하다.

은행을 활용하여
부자되는 습관

그 예시를 보면

### 재무상태표(자산/부채현황)
### (20 . . . 현재)

| 자산 | | 부채 | |
|---|---|---|---|
| 부동산 | 아파트 | 담보대출 | 아파트담보 |
| | 투자용상가 | | 상가담보 |
| | 투자용 땅 | | 예금담보 |
| 금융자산 | 예금 | 신용대출 | 마이너스대출 |
| | 적금 | | |
| | 펀드 | | |
| | 보험 | | |
| | 주식 | | |
| 기타자산 | 금 | | |
| | 미술품 골동품 | | |
| 합계 | | 합계 | |

순자산(자산합계−부채합계) =

　자산 분포가 위험하지 않은지, 자산이 어느 방향으로 움직이는지, 부채 내용이 건전한지를 파악해야 하고 명확하고 상세하게 작성해야 한다. 작성방법은 기업이 대차대조표를 작성하는 것처럼 작성해보고 점차 그 방법을 스스로 진화시키는 것이 좋다.

　여기서 마지막의 자산합에서 부채합을 뺀 순자산이 내가 가진 자산이다. 작성해 보니 어떠한가? 순자산이 남는가? 순부채가 남는가? 순자산이 있다면 만족할 만한가?

이것이 지금껏 자신이 살아오며 축적된 돈의 결과물이다. 20~30대라면 현재 상태가 그리 중요하지 않을 수 있다. 그러나 40대 후반이라면 매우 중요하다. 왜냐하면, 통념적으로 벌 날이 그리 많지 않기 때문이다. 생각했던 것보다 은퇴를 늦추어야 할지도 모른다.

작성 시 부동산과 실물자산은 1년에 한 번 정도 구체적 시가 파악을 하여 현 상황을 반영하여야 한다. 단, 가격의 변동성이 심한 자산은 원가로 작성하되 특이사항을 적어 둔다. 그리고 향후 가격 상승 또는 하락에 대한 밀도 있는 점검도 필요하다. 부동산이라고 무조건 던져 놓는 것이 답은 아니다.

재산의 구성 요소별 비율도 중요하다.

부동산과 금융자산 등 어느 한쪽으로 과중하게 치우치지 않아야 균형 있는 재산관리를 할 수 있다. 특히 대출과 전세를 과도하게 끼고 부동산을 구입하는 경우엔 전세금 확보가 매우 중요해진다. 계약 기간 만료 시 바로 세입자를 구하지 못할 것을 대비하여 금융자산 보유가 필수적이며 매월 들어오는 임대료의 일부를 건물의 감가상각이나 수선비 용도로 저축을 하여야 하고, 전세금 지급을 위한 준비가 필수적이다. 그렇지 않으면 재산 전체가 흔들려 버릴 수 있다.

대출금은 금리변동 및 원금상환조건에 대한 대비를 하여야 한다. 지금은 이자만 내고 있지만, 원금상환은 언제부터 시작되어야 하며 금리는 고정금리인지 변동금리인지를 파악하고 지금의 경제상황하에서 나의 금리 체계가 적절한지를 알아봐야 한다.

은행을 활용하여
부자되는 습관

또한, 나의 신용등급은 몇 등급이며 무엇이 가장 취약한 부분이고, 등급을 올리려면 어떻게 하여야 하는지를 금융기관 직원과 충분한 상담을 하여야 한다. 금리는 사실 은행이 결정하는 것 같지만 대부분 본인이 결정한다. 신용등급에 따라 금리는 80% 이상이 결정되므로 신용등급에 대한 꾸준한 관심이 절대적으로 필요하며, 평소 금융기관 직원과 친밀한 관계형성도 중요하다.

대출금이 커질수록 금리 결정권한이 나에게 있을 수 있지만 그렇지 않은 경우엔 보이지 않는 힘이 작용할 수도 있다. 대출금액이 커서 금리 결정권한이 소비자 입장에 있다 하더라도 명심할 것이 있다. 신용등급이 하락했거나, 무리하게 금리를 낮추려고 할 경우 자칫 마케팅능력이 뛰어난 금융기관 지점장을 만난다면 어떻게 될까? 더 불리한 다른 은행 대출로 바꾸어야 하는 상황이 발생할 수 있으니 이 부분도 고려하여 의사결정을 하길 바란다.

나도 은행지점장으로 있으면서 수익이 나지 않는 대출금을 고객이 비교하는 다른 은행으로 보내드린 경험이 있다. 내가 감당하기 힘들 땐 다른 은행으로 보내드리는 것이 은행의 입장이나 고객의 입장에서 더 현명한 판단이 될 수 있기 때문이다.

# 얼마를 가졌는가?
## 그리고 어떤 것을 가졌는가?

    지금 얼마를 가졌는지 계산해 본 적 있는가? 재무설계 의뢰가 들어오면 가장 먼저 하는 질문 중 하나다. 돌아오는 답은 "아파트 얼마, 예금 얼마, 주식 얼마, 대출 얼마, 대충 얼마가 될 것입니다."이다. 대충은 알고 있으나 주기적 정기적인 검토는 하지 않는다는 얘기다.

    또 하나는 가진 것이 어떤 것인지를 명확히 파악하지 않는다. 그 말은 똑같은 교통수단을 가지고 있다 하더라도 무엇을 가지고 있느냐이다. 그것이 비행기일 수도, 자동차일 수도, 자전거일 수도, 아니면 대중교통수단을 이용할 수 있는 현금일 수도 있다. 어떤 것이냐에 따라 관리하는 방법이 다르다. 어떤 것은 배보다 배꼽이 클 수 있다. 자산이 복리로 불어도 시원찮은데 복리는커녕 과다한 관리비용이 들거나 관리를 소홀히 하여 자산이 망가질 수도 있다. 또 다른

은행을 활용하여
부자되는 습관

중요한 점 하나는 필요할 때 즉시 사용할 수 있는지이다.

예를 들어보면, 제주도에서 본인 소유 비행기가 있을 정도로 부유하며 매월 공항사용료와 비행사 고용에 따른 급여 등을 지급하고 있는 사람과, 충청도 두메산골에 있으면서 현금을 가지고 있고 이자 높은 정기예금을 하고 있는 사람이 있다고 가정하자. 갑자기 서울까지 가야 하는데 만일 비바람과 안개가 자욱한 악천후가 발생했다면 누가 먼저 서울에 갈 수 있을까?

악천후로 이틀간 비행기가 뜰 수 없는 상황이라면 게임은 끝이다. 시기와 상황에 따라 엄청난 위력을 발휘하던 자산이 무용지물이 될 수도, 어떨 땐 작아 보였던 자산이 큰 힘을 발휘할 수도 있음을 뜻한다.

결론적으로 지금 얼마를 가졌는지, 어떤 것을 가졌는지도 중요하고 가진 것이 필요시 유용하게 사용할 수 있는 자산인지도 매우 중요하다.

부동산을 가지긴 하였는데 수익은커녕 해마다 재산세만 내야 하는 팔리지 않는 부동산이라면 이를 자산이라 할 수 있을까?

나의 재무상황은 정확히 어떠한가?

재무상태표를 작성해 보면 나의 순자산을 알 수 있다. 살아온 나의 이력서다. 간혹 빚이 많아 재무상태가 순자산이 아닌 순부채인 경우도 있으리라! 젊은 날이라면 그래도 위로가 되겠지만, 지금 나처럼 오십이 넘어서 부채가 많다면 참 암담할 수 있다. 그러나 우리는 참 오래 살기 때문에 실망만 할 필요는 없다. 오래 사는 것이 재앙일 수도 있지만, 기회일 수도 있지 않은가?

재무상태표도 매우 중요하지만, 더욱 중요한 것은 현금흐름표이다. 왜냐하면, 현금흐름표는 미래의 암시이기 때문이다. 현금흐름표는 일정 기간 현금이 들어와서 지출되는 내용이다. 지금은 순자산이지만 현금흐름표가 매월 마이너스라면 순자산이 언제 순부채가 될지 모른다. 긍정적으로 보자면 지금의 마이너스 자산이 플러스자산이 될 수도 있다. 지출을 철저히 통제하여 내가 열심히 번 돈들이 무의미하게 빠져나가는 일들을 막아야만 한다.

# 앞으로
# 얼마나 가지게 될 것인가?

지금 얼마나 벌고 계십니까? 그리고 얼마나 쓰고 계십니까? 혹시 당신의 돈은 새고 있지 않습니까?

당신은 다음의 어느 유형인가?

❶ 벌어들인 것보다 더 많이 지출한다.
❷ 벌어들인 것만큼 지출한다.
❸ 벌어들인 것보다 적게 지출한다.

얼마를 버느냐가 중요하지 않다. 중요한 것은 버는 것 중 얼마를 남겨서 미래에 당신은 얼마를 가지게 될 것인가이다. 이를 관리하기 위해서는 매월 현금흐름표를 작성해야 한다. 재무상태표는 살아온 내 삶의 이력서이고 현금흐름표는 미래 내 모습의 암시이므로 빠짐

없이 면밀히 작성하여야 한다. 주의할 것은 수입의 경우 현금이 내 주머니에 들어온 것만 작성하여야 하고 지출은 지급이 안 되었어도 줘야 할 돈은 반드시 적어야 한다. 들어올 돈은 들어와야 내 돈이고 나갈 돈은 나가지 않아도 내 돈이 아니다.

현금흐름표(기간 : 2018.1.1. ~ 2018.1.31.)

| 수입 | 지출 |
|---|---|
| 급여소득<br>사업소득<br>임대소득<br>이자/배당소득<br>연금소득<br>기타소득 | 주거비<br>교통비<br>보험료<br>교육비<br>식료품비<br>의류·세탁비<br>의료비<br>여가비용(휴가,여행,외식, 운동비)<br>교제비(각종회비, 기부금)<br>통신비<br>용돈(나,배우자,부모,자녀)<br>금융비용(원금, 이자)<br>나를 위한 개발비 |
| | 비용성 지출 소계 |
| | 저축<br>연금<br>차입금상환 |
| | 저축성지출 소계 |
| 합계 | 합계 |

전월순이익누계_____ + 금월순이익_____ = 누계_____

수입이 많다고 부자가 되는 것은 아니다. 지출은 원하는 것이 아니라 필요한 것만 하여야 한다. 구입하는 대부분의 물건들은 사실 우리가 필요로 하는 것들이 아닐 수 있다.

재무상태표와 현금흐름표는 매월 기준일을 지정하여 작성해야 하는데 작성일은 시간이 날 때 하면 되겠으나 기준일은 항시 매월 같은 날로 해야 한다. 그래야만 매월 자산 부채 변동내역과 지출의 객관적·합리적 분석이 가능하기 때문이다.

재무상태표는 일정 시점이 기준이 되겠으나, 현금흐름표는 일정 기간의 개념이다. 다시 말하면 재무상태표는 어느 시점에 얼마를 모았느냐이고, 현금흐름표는 한 달 동안, 아니면 1년 동안이라는 기간 개념으로 얼마를 벌었고 얼마를 썼으며 얼마가 남았느냐이다.

# 생애 재무설계

집을 지으려면 구상과 설계를 하고 바닥부터 순서대로 지어 나간다. 중간중간 자재 확인도 하고, 설계대로 잘 되고 있는지를 점검도 한다. 집 하나 짓는데도 이러한데 인생은 얼마나 더 꼼꼼히 계획하고 설계하고 실천을 해야 할까? 그러나 아이러니하게도 한번 살면 돌이킬 수 없는 인생을 구상도, 설계도 없이 사는 사람들이 의외로 많다.

하고 싶은 것과 꼭 해야 할 일들이 어렴풋이 있긴 하겠으나 구체적이지 않고 표현되지 않았기에 눈에 보이지 않으므로 머릿속에 각인되지 않는다. 이는 모르는 것과 별반 다르지 않다. 그러다 보니 계획이 없고 계획이 없다 보니 삶이 내가 생각한 방향으로 가기 어려울 수밖에 없다.

은행을 활용하여
부자되는 습관

생애 재무설계가 인생에서 가장 중요한 요인이 되는 부분이다.

생애 재무설계란 살면서 발생하는 중요한 의무와 내가 하고 싶은 것, 이루고 싶은 것에 대한 계획이자 설계이며 구체적 실천방안 마련의 좌표이자 나침반이다.

생애 재무설계를 각자의 삶에 근거하여 작성해 보자.

| 생애 계획 | 결혼 | 출산 | 주택 구입 | 자녀 교육비 | 나의 꿈 세계여행 | 등등 | 합계 |
|---|---|---|---|---|---|---|---|
| 언제 | | | | | | | |
| 필요 자금 | | | | | | | |

그다음은 위에서 작성한 생애계획들의 필요자금 마련을 위한 실천이다. 구체적 자금계획이 나왔으므로 앞으로 어떻게 자금 마련을 할 것인지에 대한 설계가 필요하다. 얼마를 버는데 얼마를 아껴서 자금 마련을 할 것인지. 자금 마련을 위한 저축과 투자의 방법은 어떻게 할 것인지. 현재 버는 돈으로 계획한 바를 이루기에 역부족이라면 어떻게 해야 할지. 수입을 늘리든지, 필요자금을 줄이든지 생애 재무설계를 재조정하든지 구체적 설계가 들어가야 한다.

수입을 늘리려면 어떻게 할까? 각도기를 연상하라!

당장 Two Job을 뛸 수도 있겠으나, 좀 더 장기적 관점으로 접근하는 방법도 있을 것이다. 본인의 전문성을 살려, 주 수입원의 영역을 넓히는 것이다. 시간과 지속적인 열정이 요구된다. 혹 자기계발을 위한 돈의 투자가 요구될 수도 있다. 선택은 본인이 해야 하겠지만, 전문성을 살리는 방향으로 권장한다. 왜냐하면, 수입원의 크기는 각도기를 연상하면 된다. 처음엔 미미하나 시간이 흐를수록 그 크기는 계속 커지게 되어 있다.

## ○ 연령대별 자산관리

### … 20~30대

사람마다 투자와의 궁합이 있다.

어느 누구에겐 적금과 예금만이 맞는 사람도 있다. 적금과 예금이 투자 상품일까? 나는 맞다고 본다. 펀드나 주식만 투자 상품이 아니다. 극도로 원금을 지키고자 하는 성향이라면 적금과 예금이 답이다. 괜히 성향에 맞지 않는 위험상품에 투자하여 그곳에 신경 쓰느라 내 본업에 영향을 줘서는 안 된다. 그러나 예금자보호법에 대한 명확한 이해는 있어야 한다. 그렇지 않으면 적금과 예금도 원금을 떼일 수 있다. 단, 극도로 원금을 지키고자 하는 사람도 경험 삼아 소액의 고위험상품에 투자해 보는 것은 적극적으로 권장한다. 그렇지 않으면 어느 날 혹하는 마음에 큰돈으로 낭패를 볼 수 있기에 예방

주사를 맞듯 투자 연습은 하여야 한다.

소액이라도 연금가입은 필수이다. 연금의 구조는 3층 구조로 국민·퇴직·개인연금이 있다. 하나를 더하자면 주택연금도 있겠으나 이는 은퇴 후 고려해 볼 사항이다. 국민연금은 소득이 있다면 자동으로 납입하게 될 터이고, 퇴직연금은 직장 이동 시 받은 퇴직금을 사용하지 말고 노후를 위해 퇴직 IRP에 넣어 두어야 한다. 이직 때마다 받은 퇴직금을 모아서 노후를 대비해야 한다는 말이다. 젊어서도 살기가 어려운데 힘없이 늙어 버린 노후에 돈마저 없다면 그때는 얼마나 더 힘들겠는가? 돈 없는 젊은 날 고통보다 몇 배가 될 것이다.

그다음으로는 개인연금을 월 50,000원부터라도 가입해야 한다. 20~30대의 매월 50,000원이 40~50대의 월 100만 원보다 더 값질 수 있음을 명심해야 한다. 시간이 돈임을 절실히 경험하게 되는 날이 반드시 온다. 늦지 않길 바란다.

… 40대

우선 보험을 정비하여야 한다. 그간 가입하던 보험이 있다면 점검을 하고 혹시 가입된 것이 없다면 본인에게 맞는 보험을 선택해야 한다. 가족력을 조사하고 나의 건강상태를 체크하며 내 소득 대비 과하지 않는 보험료 선에서 가입을 해야 한다. 반드시 3군데 이상의 보험사로부터 설계서를 받아보고 비교분석하여 내용을 알고 나서 가입해야 한다. 섣부른 보험가입은 낭패가 될 수 있기 때문이다.

보험은 은행에서 가입하는 것과 보험사에서 가입하는 방법으로 나눌 수 있다. 은행에서는 여러 보험사 상품을 취급함으로써 선택의 범위가 넓고, 주거래은행 혜택을 더 받을 수 있는 반면 보장성보험 분야에서 전문성이 약간 부족할 수 있다. 개별 보험사를 이용할 경우 선택의 범위는 다소 떨어질 수 있으나 보험사만의 특화된 부분에서 전문성을 높일 수 있다. 적금이나 정기예금과 같은 저축성 보험의 경우는 변액보험이 아닌 공시이율로 운영되는 상품일 경우엔 보험사보다 은행에서 가입하는 방카슈랑스가 더 이자가 높을 가능성이 크다.

또 하나, 보험설계사 선택은 매우 중요하다. 상품은 훌륭하지만 설계가 신통치 않으면 전문보험회사의 혜택을 받기 어려울 수 있을 뿐만 아니라 오히려 더 못할 수도 있다.

그러므로 신뢰할 수 있는 보험설계사에게 보험을 의뢰해야 한다.

### ··· 50~60대

퇴직을 앞두고는 부채관리가 최고의 관건이다. 퇴직 전 가급적 대출은 상환해야 한다. 또 하나는 젊을 때도 불리기 어려운 재산이 오십이 넘어 늘리기란 말처럼 쉽지 않다. 그럼에도 불구하고 막상 퇴직 후 자신과 가족들의 생계가 걱정되다 보니 퇴직금으로 사업을 하다 어려움을 겪는 경우들을 가끔 본다. 퇴직 후 사업을 하겠다고 생각을 한다면 퇴직하기 전 2~3년간 거주지 주변 상가들의 개업과 폐업 동향들을 잘 살펴보기 바란다. 오래 사업을 영위하는 분들의 모습과 얼마 못 버티는 사업주들을 깊게 관찰할 필요는 있다. 또 다른 하나는 퇴직 후 할 수 있는 일의 준비이다. 체면 버리고 허드렛일이라도 할 마음의 준비를 하고, 영화 〈인턴〉에서처럼 적은 보수, 낮은 직함으로도 내 젊은 날 부족했던 부분들을 떠올리며 넉넉한 마음으로 젊은 상사들을 보살피고 응원하는 멋진 후원자가 될 수 있어야 한다. 젊은 후배들에게 경쟁자가 아닌 조언자로 남아야 한다.

늙어도 멋있어야 하지 않을까?

재취업에 성공하려면 공백 기간을 줄여야 한다. 공백 기간만큼 취업은 더 어려워지므로 퇴직 전부터 적극적인 구직활동을 해야 한다. 여기서 구직이란 직장을 의미하는 것이 아니고 직업을 의미하는 말이다.

이제 고용 정년이 다가온다. 일의 정년이 아니다. 마지막 즉 삶이 끝나는 인생 정년이 오기 전까지 지치고 힘들던 예전 젊은 날의 일이 아닌 작아도 소중한 나의 일을 준비하여야 한다. 삶이 끝나는 날, "참 잘 살았다. 나에게 주어진 이 인생! 신명나게 잘 놀다 간다." 라고 말할 수 있게.

… 은퇴 후 자산관리

편안한 노후를 위한 준비 및 점검할 것들을 살펴보면, 예상 사망 연령, 은퇴 후 생활비 예측과 소득점검, 은퇴 후 필요자금으로 부채 상환, 자녀학자금, 자녀 결혼비용 등이 있다.

예상 사망연령은 가족력을 참고하여 최대한 넉넉히 잡아주어야 한다. 80세까지 살 것으로 생각하고 연금수령연령과 필요자금을 계산해 두었는데 81세 되는 날 살아있다면 낭패이다.

은퇴 후 생활비 예측과 소득점검은 어떻게 할까?

노후대비는 자산축적에 목메지 말고 '월 필요 은퇴소득' 설계에 초점을 맞추어야 한다. 자산 대신 소득에 더 중점을 두어야 한다는 말이다. 과거 수명은 짧고 고금리시대의 은퇴설계는 당연히 자산·목돈 중심의 은퇴설계였다. 그것이 가장 효과적인 방법이었지만 지금은 다르다. 오래 살고, 불확실성과 변동성이 점차 커지고, 자식 리스크나 치매 등으로 목돈을 지키기가 어려운 노년의 상황에선 새로운 은퇴 설계가 필요하다.

은퇴 시점에 필요한 것은 얼마나 목돈이 있느냐? 가 아니라 은퇴 전 생활수준을 어떻게 유지 할 수 있느냐? 이다.

그러한 측면에서 먼저 은퇴 전 생활수준의 생활비 예측은 어떻게 할까?

현재의 월 생활비 중 꼭 필요한 사용처의 것만 골라 합산한다. 계산금액의 120% 정도를 월 생활비로 생각하면 된다. 꼭 필요한 금액의 120%를 산정하는 이유는 병원비 등 예상치 못한 지출에 대비하기 위함이다. 이렇게 산출된 금액에서 국민연금, 개인연금 등 종신으로 나오는 연금과 임대소득 등 다른 정기적 소득이 있다면 이를 차감한다.

계산 산식을 요약하면 다음과 같다.

(현재의 생활비 중 은퇴 후 매월 반드시 필요한 금액 X 120%) – 매월
수령 가능한 연금액 – 매월 정기적 소득금액
= 노후 월 부족 또는 남는 생활비

여기서 연금이 넉넉히 준비되어 있다면 노후필요자금은 연금으로 모두 해결될 터이니 별도로 준비하지 않아도 된다. 그래서 연금이 참 중요하다.

참고로 생명보험사회공헌위원회가 제공하는 '행복수명자가진단 서비스(www.100happylife.or.kr)'에서는 몇 가지 질문에 답하면 이를 바탕으로 현재 본인의 노후 준비수준을 측정해준다.

또 다른 소개할 사이트가 있다.

부족한 연금 저축액이 얼마인지 한눈에 볼 수 있는 서비스이다. 금융감독원에서 운용하는 '연금저축 어드바이저(http://fine.fss.or.kr)'에 접속해 '연금저축 어드바이저'를 누르면 해당 서비스를 이용할 수 있다. 별도 서비스를 가입하지 않아도 출생 시점, 퇴직연월, 연금정보(국민연금, 퇴직연금, 개인연금)를 입력하면 부족한 노후자금과 필요한 추

가 납입액을 알려준다. 맞춤형 연금 상품안내도 해주는데 원금손실 부담 여부, 납부·수령 방법 등 개인성향에 맞도록 조회되며, 재무진 단 및 상품조회 결과는 전자파일 PDF로 다운로드 받을 수 있다.

재무진단과 안내받은 연금저축 상품을 바탕으로 금융 전문가로부 터 무료상담을 받는 것도 가능한데 금융전문가는 재무 상담 경력 5 년 이상이며 국제공인재무설계사(CFP) 등 자격증 소지자로 구성되어 있다. '전문가에게 상담받기'를 클릭하면 온라인·대면·전화 상담을 신청할 수 있다. 이외에 '유용한 연금저축 정보보기' 코너를 이용하 면 연금저축상품 가입 전 꼭 알아야 할 정보와 중도해지 시 손실 등 소비자 피해를 막기 위한 유의사항, 연금저축 절세 비법 등을 안내 받을 수 있다.


은퇴 후 필요 자금인 자녀학자금, 자녀 결혼비용 등은 개인 형편 에 맞게 지원해 주어야 하고 막연히 어떻게 되겠지 하는 생각으로 여유를 부린다면 지금은 자녀에게 잠시 득이 될 수는 있어도 결국엔 자녀들에게 짐이 될 수밖에 없음을 알아야 한다. 자식을 효자로 만 드느냐, 불효자로 만드느냐는 본인에게 달려 있다. 경제적인 부분을 간과하고 존경받는 부모가 되고자 하는 것은 욕심이라고 본다. 나 하나 살기도 버거운 세상에 부모 봉양의 책임까지 자식에게 쥐어 준 다면 가난이 대물림될 수밖에 없다.

은퇴 전 부채는 반드시 상환하여야 한다. 퇴직 전 부채관리는 1순 위이다. 부채 상환 외에도 각종 보험료, 자동차 할부금 등 매월 나가는 돈도 일시로 지불하여 매월 나가는 돈을 최대한 줄여야 한다.


## ○ 그 이후 부족분은 어떻게?

우리가 예전엔 '3층 보장'이란 말을 사용하였다. 국민연금, 퇴직연금, 개인연금. 이제는 여기에 주택연금이 더해져 '4층 보장'이 된다. 위와 같이 설계 후 부족분이 있다면 추가로 가진 집으로 주택연금을 설계하여야 할 것이다. 주택연금에 대하여는 연금 부분에서 자세히 설명하겠다. 주택연금으로 해결이 안 된다면 이제 평생 현역이라는 일자리연금인 '5층 보장'을 염두에 두어야 한다. 본인의 건강상태를 잘 유지하고 건강을 해치지 않는 수준에서 일자리를 구해야 한다.


## ○ 리스크 관리

### ⋯ 인생 100세 장수 리스크

20여 년 전까지만 해도 60세 정도가 되면 돌아가셨다는 말을 전해 들었다. 그런데 이제 80세가 되어도 들려오지 않는다. 문제는 나도 여러분도 그렇게까지 오래 살 줄 몰랐다는 것이다. 이제 100세 이상의 시대에 맞는 계획을 세워야 한다. '공부 - 취업 - 은퇴 - 재취업'을 해야 할 상황이다. 또 하나 오랜 기간 편치 않은 몸으로 외로운 죽음을 맞이하는 것이다. 죽음이 어느 날 갑자기 찾아오지 않음이 문제이다. 50대 중반인 나에게도 서서히 편치 않은 곳이 찾아

오고 있다. 100세까지 살아야 한다면 남은 50년의 몸은 어떤 몸일까를 생각하면 불안감이 이만저만이 아니다. 그런 와중에 돈마저 없다면······.

어느 날 조용히 다가오는 죽음이 아니라, 많은 고통을 겪으며 외롭게 맞이하는 힘든 죽음이라면······.

아!

### ··· 배우자와의 생활방식이 다르다

황혼이혼이 심심찮게 야기 되고, 어떤 이유이든 따로 사는 부부가 점점 많아지고 있다. 젊은 날 직장 등 이유로 오래 떨어져 살았던 부부들은 나이 들어 함께 사는 것이 부자연스러워질 수도 있다.

퇴직한 배우자로 인해 힘들어하는 사람들의 이야기를 가끔 듣는다. 하루 세끼니 밥 챙겨 주는 것, 갑자기 어느 날부터 내 공간 중 어느 한 공간을 온종일 차지하고 있는 것, 청소도 안 하고 어디 나가느냐? 설거지가 안 되어 있다 등 잔소리하는 것, TV 채널 취향이 다른 것 등 사소한 불편함이 심각한 스트레스로 이어지고 있다는 것. 그래서 한쪽은 일부러 밖으로 나온단다. 참 딱한 일이다. 다 이해는 가지만 서글픈 현실이다.

홀로 사는 삶! 홀로 사는 내공을 키워야 한다.

한 공간에서 따로 든, 함께 든, 서로가 나름 행복하게 살아가는 방법을 찾아내야만 한다.

은행을 활용하여
부자되는 습관

… 부동산 노후준비는 위험

부동산 가격하락 위험과 팔리지 않을 위험이다. 투자부동산이 팔리지도 않고 계속 가격만 내려간다면 보통 일이 아니다. 임차자도 구하지 못해 월세수입은커녕 매년 재산세와 관리비만 들어갈 수도 있다.

오피스텔이나 집합상가의 경우는 아파트보다 월 관리비가 비싼 편이며, 공실이어도 관리비는 내야 한다. 생활비도 넉넉하지 않은데, 임대가 나가지 않는 빈 공실의 투자부동산이 관리비까지 내야 할 경우 돈도 돈이지만 마음의 고통이 이만저만이 아니게 된다.

어느 날 내가 죽고 난 뒤 그 부동산이 자식에게 상속된다면 자식은 이유 없이 그 애물단지를 본의 아니게 또 짊어지고 가야 한다.

꼭 필요한 부동산 외에는 반드시 정리를 해야만 한다.


경제력을 갖춘 노후는 당당하다.

현명하고 지혜로운 관리로 당당한 노후를 맞이하자.

# 1년에 한 번
# 이력서 써 보기

군이 어디에 제출하지 않더라도 경력, 학력, 가족관계, 취미, 특기, 상벌, 자격증, 내 재산목록 등 자기를 소개할만한 것들을 모아 1년에 한 번씩 이력서를 써보자.

지금 한 번 써보라! 어떠한가? 마음에 드는가?

계속 쓰다 보면 해마다 똑같고 싶지 않을 터이니 보통의 경우엔 어떻게든 발전하려 노력하게 된다.
이력서는 직장 또는 사업부문과 그 외 부분을 나누어 작성하는 것이 좋다.

○ 우선 직장 또는 사업부문 이력을 적어보자

입사 또는 개업년도, 올해 나의 직급, 경험분야, 승진사항, 해외연수, 교육, 업무와 관련된 자격증, 회사에서 채택된 제안, 상과 벌, 급여 등. 객관적 사실을 먼저 적는다. 그리고 나는 정상적인 궤도를 걷고 있는지, 빠른 진급을 하고 있는지, 뒤처진다면 무엇이 문제인지, 일을 잘하기 위해 어떤 노력을 하고 있는지. 혹시 내가 빠른 진급을 위하여 또는 다른 이익을 보기 위하여 동료를 힘들게 한다거나 상처를 주고 있는 것은 아닌지, 동료들의 나에 대한 평판은 어떠한지 등 주관적 사항들을 정리한다. 이렇게 적다 보면 직장생활에서의 나를 돌아보는 계기가 되며 어렴풋이나마 내가 나에 대해 객관적 평가를 할 수 있고 나의 발전에 소중한 자료가 될 것임은 분명하다.

직장이 소중하고 감사한가? 아니면 직장이 나의 노동력을 착취한다고 생각하는가?

직장이 나의 노동력을 착취한다고 생각하지 않길 바란다. 단지 입사한 지 오래되었다는 이유로 지금의 자리와 연봉을 받고 있을 수도 있고, 급여 오르듯 내 성과가 계속 오르고 있지 않을 수도 있다. 나이가 먹을수록 직장근무 기간이 길수록 실제는 내 능력보다 급여가 많을 수 있음을 상기해야 한다.

어쩌면 오히려 직장이 나에게 이용당하고 있을 수도 있다.

직장은 나에게 돈을 주면서 사회를 가르쳐 주고 있다. 내가 자립

해야 하는 날, 직장은 나에게 훌륭한 학교였었음을 알게 될 것이다.

　평소 직장에서 언젠가 홀로된 자립을 위해 열심히 일하며 배우고 익히지 않는다면 퇴직 후 어려움을 겪을 확률이 매우 높다. 30여 년 이상의 오랜 직장생활을 한 전형적인 중산층이었던 사람들이 회사를 나오면서 새로운 빈곤층으로 전락하는 모습을 가끔 본다. 많은 것을 포기하고 열심히 일했음에도 오십이 넘은 후 생활고에 시달린다면 이 세상에 태어나 돈으로부터 해방되는 때란 언제란 말인가?
　직장에 충실하고 직장동료를 귀하게 여기며 하루하루를 즐겁고 알차게 보내라! 언젠가 내가 자립하는 날, 그동안 일했던 직장과 동료가 나를 도와줄 큰 버팀목이 될 수도 있고 나에게 등을 돌릴 섭섭한 남이 될 수도 있다.

　다음으로는 직장 외 나의 모습을 찬찬히 들여다보고 이력서를 채워보자. 내가 잘할 수 있는 것과 잘한 것, 그리고 내가 모은 돈도 적어 보자! 자본가로 탈바꿈하는 꿈도, 퇴직 후 창업가가 되는 꿈들도 적어보자. 나의 취미는 무엇이고 그 취미를 즐기기 위해 했던 것. 요즘 갑자기 생긴 관심거리는 무엇인지, 가족들을 위하여는 무엇을 했었는지 등등 모든 것들을 이력서에 채워보자.

　중요한 것은 관심분야이다.
　관심분야를 어떻게 발전시키고 어떻게 활용해야 할 것인가이다.

제2의 인생을 힘차게 시작하는 계기가 될 수 있다. 그림공부를 열심히 하며 화가가 되신 분도 보았고, 빵 굽는 것을 취미로 하시던 분이 예쁜 빵집을 여시는 분도 계셨고, 부동산에 관심이 많던 분은 공인중개사 자격증을 취득 후 공인중개사로 일을 하고 있는 분도 보았다. 아파트 관리에 관심이 많던 어떤 분은 주택관리사 자격증을 취득하시더니 퇴직 후 아파트 관리소장님이 되어 있었다.

해마다 써보는 이력서는 자신을 더욱 강하고 당당하게, 삶을 더욱 아름답게 만들 것이다.

# 5월에 바쁜 사람, 한가한 사람.
# 내 소득은 몇 종류일까?

○ 내 소득의 종류는 몇 개일까?

무슨 생뚱맞은 소리냐구요?

아니다.

혹 지금 근로소득 하나만으로 생활을 지탱하고 있는 것은 아닌가? 그러다 갑자기 퇴직을 하면?

세상엔 다양한 소득들이 있다.

우리나라에는 매년 2월이 되면 근로소득 연말정산을 한다. 홈택스 (www.hometax.go.kr)로 서류절차가 간소화되기는 하였으나, 그래도 연중 큰 행사이다. 얼마를 환급받을 수 있나? 아니면 얼마를 내놓아야 하나? 하는 등으로 급여생활자들은 희비가 교차하기도 한다.

그런데 연중 소득에 따른 세금신고로 2월에만 바쁘시진 않나요?

우리나라의 소득신고는 근로소득 연말정산과 5월에 종합소득신고가 있다. 국가에서 세금을 부과하기 위하여 열거한 소득에는 이자, 배당, 사업(부동산 임대소득 포함), 근로, 일용, 연금, 기타소득 등이 있는데, 이 중 근로소득은 2월에 연말정산이란 절차로 마무리를 하지만 그 외 소득은 근로소득을 포함하여 5월에 최종 결산을 한다. 그런데 그 많은 소득종류가 존재함에도 불구하고, 5월에 세금납부와는 관계없이 가정의 달 행사만으로 바쁘다면 생각을 달리 해봐야 한다.

세금을 내고 싶어서가 아니고, 나는 왜 근로소득 외 다른 소득을 올릴 준비를 못 했을까? 이다. 투자도 분산을 하듯이 소득의 값도 분산이 되어야 한다. 세상은 그것이 무엇이든지 한쪽으로 기울어 중심을 잃게 되면 어떤 충격이 주어질 시 쉽게 넘어지게 되어 있다.

소득도 균형을 잡아나가야 하며, 특히 퇴직 후 소득이 제로가 될 때를 대비하여야 한다. 퇴직 시 현재의 근로소득만큼은 수입이 될 수 있도록 다른 종류의 소득에 관심을 가지고 젊어서부터 열심히 노력을 하여야 한다. 모든 소득이 하루아침에 갑자기 생기거나 늘어나지 않는다. 이자와 배당소득 신고를 하려면 연간 2,000만 원 초과 금융소득이 있어야 하고, 부동산임대소득 신고를 하려면 최소한 본인이 거주하는 주택 외에 주택, 또는 타 부동산이 있어야 하고, 기타소득이 있으려면 본인만의 특수한 전문영역이 있어야 가능하다. 지금까지 하나의 소득만 존재한다면 이제부터라도 소득 다변화에 도전해봐야 하지 않을까? 가지 않은 길을 가보면 삶이 훨씬 재미있어질 것이다. 새로운 도전으로 삶의 재미를 더해 보자.

# '황금알을 낳는 거위'를
# 가지고 있는가?

○ **황금알을 낳는 거위**

어릴 적 참 재미있었던 이솝우화 〈황금알을 낳는 거위〉를 어른이 된 후 다시 읽어 보니 삶에 크고 중요한 의미를 주는 아주 소중한 이야기였다. '황금알을 낳는 거위'는 우리에게 어떤 의미를 던지고 있는가?

자산관리의 핵심을 말하고 있다고 생각한다. 하루에 하나씩만 낳는 황금알이 성에 차지 않아 욕심을 부린 나머지 황금알을 낳는 거위의 배를 가른 부부의 모습은 아이들 눈에 누가 보아도 바보 같은 사람들이었다. 재산을 모으고 부자가 되고 싶어 하는 우리들. 황금알을 낳는 당신의 거위는 있는가?

이런 생각을 할 수도 있다. "나에겐 황금알을 낳는 거위 따윈 없어!"라고. 그런데 정말 없을까? 어쩌면 어릴 적 우리 눈에 이해 못할 우스꽝스러운 바보로 보였던 그 부부의 모습을 지금 내가 하고 있을 수도 있다.

황금알을 낳는 거위를 풀어쓴다면 거위는 자본이고 황금알은 자본으로 인하여 발생하는 소득이다. 그렇다면 거위는 투자부동산이 될 수도 있고, 적든 크든 은행에 넣어둔 예금이 될 수도 있다. 왜냐하면, 투자부동산이든 정기예금이든 황금알과 같은 임대료나 이자를 생산하기 때문이다. 번 돈을 다 지출하면 황금알을 낳는 거위를 가질 수가 없다. 가진다 하더라도 거위가 너무 작으면 기대한 만큼의 황금알을 낳을 수가 없다. 그러면 어찌해야 할까?

황금알을 낳을 만큼 어린 거위를 키우고 보살펴야 한다.
예를 들어 1년제 1,000만 원짜리 적금을 넣었는데 만기가 되어 세금을 공제하고 나니 995만 원이 되었다고 가정하자. 당신은 이때 어떻게 할 것인가? 황금알을 낳는 거위의 가치를 안다면 5만 원을 보태어 1,000만 원짜리 정기예금을 할 것이고, 그렇지 않다면 5만 원을 떼 내어 기분을 낼 수도 있을 것이다. 어쩌면 그동안 꼭 사고 싶었던 무언가를 위해 995만 원을 다 써버릴 수도 있을 것이다.
돈을 대하는 이같이 다른 태도들은 시간이 흐를수록 황금알을 낳는 거위를 갖지 못하거나, 그 크기를 달리할 수 있다. 크기도 전에 사라지는 거위! 쑥쑥 커서 부자를 만들어 줄 거위!
끊임없이 자본을 늘린다면 그 자본은 꾸준히 황금알을 낳지 않겠는가? 수입이 계속 커져간다는 이야기다.


○ '황금알 통장'을 만들자

일단 만들어진 목돈, 부동산은 거위로 보고 이자나 배당 등 투자 수익은 황금알로 생각한다. 그래서 황금알인 이자나 배당 등 투자 수익이 나오거든 그 돈은 별도로 만들어진 황금알 통장에 입금시키고 매년 황금알이 얼마나 커가는가를 눈으로 확인해야 한다. 재미를 느낄 수 있다. 또 다른 의미로는 황금알 통장에 1년 동안 입금된 금액과 목돈을 비교하여 연평균수익률을 계산해 본다. 주기적으로 관리하다 보면 해마다 수익률이 다르게 나타난다. 어떨 땐 높을 수도 있고, 어떨 땐 비슷할 수도 있고, 또 어떨 땐 원금 손실을 경험할 때도 있다. 그 원인들을 분석하다 보면 수익률을 높일 수 있는 방안들을 생각하게 되고 나와 궁합이 맞지 않는 투자가 어떠한 것인지도 알게 된다. 많은 고객들의 모습을 지켜본 결과 투자에도 분명 궁합이 있다. 돈 다루는 법들을 배우고 본인에게 맞는 투자대상과 방법들을 찾길 바란다.

이처럼 여러분은 '황금알을 낳는 거위'를 잘 키우고 있는가? 아니면 이솝우화에서처럼 거위를 죽이거나 앞으로 그렇게 할 생각을 갖고 있는 것은 아닌가?

이 글을 읽으시는 분께 꼭 드리고 싶은 말은 "황금알을 낳는 당신의 거위를 절대 죽이지 마라!"이다.

# 통장엔
# 이름표와 설명서를 붙여라

황금알 통장, 자동이체통장, 연금수령통장, 월세통장, 내 개발비 통장, 우리아이교육통장…. 통장에 이름표를 붙여라. 그래야 목적이 분명해지고 관리가 쉬워진다.

우리아이교육통장일 경우 아이의 꿈에 맞추어 '나의 꿈! 통역사 통장', '나의 꿈! 여행 작가 통장', '나의 꿈! 고고학자 통장'이라는 이름표를 붙인 통장을 만들고 통장을 볼 때마다 아이들과 함께 그 꿈을 키워 나가자.

황금알 통장을 보고 "돈을 더 모아야지!"라고 다짐을 하고, 연금 수령통장을 보며 노후의 편안한 지출을 계획하고, 내 개발비 통장을 보고 마음껏 나를 위한 사치 또는 자기개발을 할 수 있다.

특히 자동이체 통장은 한 통장으로 통일하고 관리하여야 한다. 그래야 지출관리가 명확해진다. 그리고 통장에 상품설명서도 붙여야 한다.

급여이체로 사용하는 통장일지라도 금리가 몇 %인지, 어떨 경우 혜택을 더 볼 수 있는지, 대출과 연계되어 금리할인을 받고 있는지 등을 파악하여 요약표를 붙여 놓아야 한다.

특히 펀드와 같은 투자 상품일 경우에는 통장 첫 페이지에 상품설명서를 반드시 붙여야 한다. 펀드나 ELS를 가입하긴 했는데 통장만 봐서는 알 수가 없다.

통장 앞면에 KOSPI 투자인지, Nikkei 투자인지, 아니면 HSCEI 투자인지 어떨 땐 원금이 손실되고 어떨 땐 즉시 환매를 하여야 하는지를 알 수 있도록 가입 시 받은 상품설명서를 다른 곳에 보관하거나 버리지 말고 통장에 붙여서 함께 보관하여야 한다. 그래야 통장을 볼 때마다 가입 상품에 대한 정보를 쉽게 알 수 있고 시장상황에 따른 위험관리와 수익관리가 쉬워진다.

연금통장 또한 마찬가지이다. 연금가입 시 받은 설명서 중 복잡한 다른 것은 별도 보관하고 해지환급금과 예상연금수령액이 나오는 부분만 통장 앞면에 붙여 놓아야 한다. 그렇지 않으면 연금은 들어가고 있는데 노후에 얼마가 나오는지 통계를 내기가 쉽지 않다. 연금통장마다 통장 첫 페이지에 연금 수령 예상금액표를 붙여두면 노후에 얼마나 연금이 나올지를 쉽게 파악할 수 있다. 그렇다면 연금이 충분한지, 부족하니 더 준비를 하여야 할지에 대한 고민이 쉬워진다.

연금 수령 시점도 마찬가지다. 월급을 받듯 연금이나 부동산 임대소득, 기타소득 등 노후의 모든 수입은 한 통장으로 관리하여 수입 관리를 먼저 하고 이에 맞는 지출관리를 하여야 한다.

신용카드도 마찬가지다. 20~30대들은 카드마다 혜택을 꿰차고 있고 알뜰하게 활용하기도 한다. 그러나 그렇지 못한 사람과 세대들이 있다. 이럴 경우 카드 앞면에 지워지지 않는 펜으로 잊으면 안 되는 혜택들을 써 놓는 것도 하나의 방법이다.

삶의 지혜들을 내가 다 외울 수는 없는 일!
어떻게 하면 도움이 되는지를 저마다의 방법으로 개발하여 활용하면 된다.

# 자동이체 관리,
## 마이너스통장 활용법

월급이 들어오는 날!

정말 순식간에 빠져나간다. 이런저런 것들이……. 그런데 어떤 날에, 얼마씩, 어떻게 노동의 대가가 빠져나가는지 확인은 해보는가? 그냥 맞겠지 하는 동안에 줄줄 새는 자동이체가 있지는 않은가?

1년에 두 번은 자동이체 내용을 점검하여야 한다. 그래야 지출을 통제할 수 있다. 매월 자동이체 되는 가스비, 관리비, 통신비에 어떤 변화가 있나? 혹 해지하여야 할 자동이체는 없는가? 금액을 낮추어야 할 것들은 없는가? 잘 모르는 자동이체는 없는가? 보험료는 얼마나 남았나? 할부는 얼마나 남았나?

자동이체는 한 통장으로 몰아야 한다. 효율적인 관리를 위해서다. 자동이체가 안 되어 연체되는 일이 없도록 일목요연하게 볼 수 있는 가장 간편한 방법이며, 불필요한 자동이체나 과도하게 늘어난 자동이체내역 등의 파악으로 지출을 줄일 수도 있기 때문이다.

만약 자동이체가 이 은행, 저 은행에 흩어져 있다면 한 번에 한 곳으로 모을 수 있는 방법이 있다. 금융기관을 찾아가면 은행창구에서 바로 처리할 수 있고, 인터넷(www.payinfo.or.kr)에서 계좌정보통합관리 서비스를 이용하면 혼자서도 손쉽게 바꿀 수 있다. 단, 현재로써는 제1금융권만 적용이 되고 제2금융권의 자동이체는 서비스가 되지 않는다.


## ○ 마이너스 통장 활용법

그리고 자동이체통장은 개인에 따라 약간의 차이가 있겠으나 보통 급여생활자들은 약 3백만 원 정도의 마이너스 한도 약정을 해두는 것이 좋다. 그래야만 생각지도 못한 대출금이자, 신용카드대금, 세금 등의 연체로부터 자유로워질 수 있기 때문이다. 사소하게 생각한 연체들로 개인 신용등급이 크게 하락할 수 있다.

신용등급 하락은 기존 대출이 있다면 대출금리가 올라가는 것은 당연한 일이고, 대출금 기한연장을 해야 하는 경우엔 일부 상환을 요구받거나 기한연기 거절을 당하여 전체 대출금을 갚아야 하는 경우도 발생할 수 있다. 주택구입을 하거나 갑자기 대출이 필요하여 신규 대출신청을 하게 될 때에도 신용등급이 좋지 않을 경우엔 담보가 있어도 대출을 거절당할 수 있다. 요즘 금융기관은 담보보다 개인의 신용을 더 중요하게 생각한다.

개인 신용등급 평가 시 금융회사에서는 10만 원 이상 5거래일 이상 연체 시, 백화점 등 비금융업체에서 10만 원 이상 3개월 이상 연체 시 다 갚은 후라도 3년간 연체정보를 남기고 관리를 한다. 대출금 이자나 카드대금 외에도 국세나 지방세, 과태료 체납과 케이블방송요금, 통신요금 연체도 신용등급에 영향을 미칠 수 있음을 명심해야 한다.

또한, 주의해야 할 점은 자동이체를 신용카드에 해두는 것은 연체관리에 더욱더 조심하여야 한다. 신용카드가 만료되거나 분실되어 재발급을 받게 되면 카드번호가 바뀌게 되는 데 이 경우 이체가 안 될 수 있다. 신용카드번호가 바뀌게 되면 자동이체 카드번호를 바꾸어 주어야 한다.

그리고 다음과 같은 자동이체 현황표를 만들어 보자.

자동이체 현황

| 구분 | 1월 | 2월 | 3월 | ~ | 12월 | 특이사항 |
|---|---|---|---|---|---|---|
| 적금 | | | | | | |
| 보험료 | | | | | | |
| 가스비 | | | | | | |
| 관리비 | | | | | | |
| 통신비 | | | | | | |
| 대출금이자 | | | | | | |
| 카드 대금 | | | | | | |
| 기타 | | | | | | |
| 합계 | | | | | | |

이렇게 1년 정도 현황표를 만들어보면 통계가 나오게 되고 그에 따른 계획이 가능한데 가스비, 관리비, 통신비들의 월별 변동 상황을 보고 원인 파악과 함께 절약할 수 있는 방안들을 찾아보게 되는 계기가 되기도 한다.

# 가계부! 매일 쓰지 마라.
# 한 달에 한 번 써라

　오래전에는 나도 매일 매일 가계부를 썼었다. 그러나 지금은 매일 안 쓴다. 한 달에 한 번만 쓴다. 매일 안 쓰는 이유는 다 필요한 곳에 썼지만, 가계부에 적힌 내용을 보다 보면 마음 편치 않은 날들이 많았다.

　가계부를 쓰는 목적이 무얼까?
　첫째는 어디에 어떻게 썼는지를 알기 위해서이고,
　둘째는 얼마를 벌어 얼마를 썼고 얼마가 남았는지 알기 위해서,
　셋째는 지출에 대한 분석으로 현명한 수입 지출관리를 위해서일 것이다.
　그래서 목적은 달성하되 불편한 마음을 갖는 날들을 줄여보고자 방법을 다음과 같이 바꿨다.

지출은 거의 카드를 사용하고 카드사용 내역과 통장의 자동이체 내역을 가지고 한 달에 한 번 작성하고 분석한다. 식료품, 의료비, 주거비, 의류, 가스비 등등. 소비패턴이 어떠한지, 줄일 수 있는 분야는 있는지, 충동구매는 없었는지, 할부가 얼마나 남았는지.

1년이 지나고 나면 이 한 장으로 모든 소득과 지출이 한눈에 들어오며 분석 또한 매우 쉬워진다.

한 달에 한 번 쓰는 가계부

| 구분 | | 1월 | 2월 | ~ | 12월 | 합계 | 평균 |
|---|---|---|---|---|---|---|---|
| 수입 | 급여 | | | | | | |
| | 사업소득 | | | | | | |
| | 임대소득 | | | | | | |
| | 이자, 배당 | | | | | | |
| | 연금소득 | | | | | | |
| | 기타소득 | | | | | | |
| | 수입 합계 | | | | | | |
| 지출 | 주거비 | | | | | | |
| | 교통비 | | | | | | |
| | 보험료 | | | | | | |
| | 교육비 | | | | | | |
| | 식료품비 | | | | | | |
| | 의류,세탁비 | | | | | | |
| | 의료비 | | | | | | |
| | 여가비용 | | | | | | |
| | 교제비 | | | | | | |
| | 통신비 | | | | | | |

| 구분 | | 1월 | 2월 | ~ | 12월 | 합계 | 평균 |
|---|---|---|---|---|---|---|---|
| 지출 | 용돈 | | | | | | |
| | 금융비용 | | | | | | |
| | 나의개발비 | | | | | | |
| | | | | | | | |
| | | | | | | | |
| | 자산 감소형 지출계 | | | | | | |
| | 저축 | | | | | | |
| | 연금 | | | | | | |
| | 차입금상환 | | | | | | |
| | | | | | | | |
| | 자산 증가형 지출계 | | | | | | |
| | 지출 합계 | | | | | | |
| 차액 (수입합계 −지출합계) | | | | | | | |

   좋은 점은 한 달에 한 번만 열 받으면 되고 시간 절약뿐 아니라 빠뜨리는 지출 내역도 거의 없다.

   반드시 챙겨보는 것은 내 소득의 1/10이 나의 개발비로 쓰였는지이다. 그것이 공부이든 나를 위한 사치 즉 옷, 신발, 가방, 혼자만의 여행도 괜찮다. 한마디로 나를 위해 썼는지 이다. 왜냐하면, 돈 번다고 고생했으니, 본인을 돌볼 시간 없이 바쁘게 살았으니, 그런 본인에게 노고에 대한 보상을 기꺼이 해준다. 내가 돈을 버는 한 이런 멋진 보상이 주어지니 난 또 보상을 받기 위해 오늘도 열심히 일을 한다.

관리 방법은 나의 1년 소득이 3천만 원이라면 '나의 개발비 통장'에 연간 3백만 원 그러니까 월 25만 원을 자동이체 해 놓는다. 그 돈을 매월 사용하든, 3개월에 한 번 사용하든, 아니면 모아서 1년에 한 번 사용하든 그건 내 자유다. 중요한 것은 꼭 나를 위해 어떻게든 사용한다.

# 재테크 동아리를
# 만들어라!

돈에 대해 이야기 하는 시간과 모임을 만들자. 학교에서도 사회에서도 모임들이 존재한다. 나이가 많아질수록 모임은 점점 늘면 늘었지 잘 줄지는 않는 것이 현실이다.

이제 그 모임들을 찬찬히 살펴보자!

모임들의 목적이 무엇이고 나에게 어떤 의미를 주는 것일까? 단순한 친목 도모도 있을 것이고 의미가 있는 모임들도 있을 것이다. 그 중에서 혹시 재테크를 위한 모임은 가지고 있는가?

재테크에 관해서 관심은 있는데 막상 돈 얘기를 진지하게 나누는 모임을 잘 하지는 않는다. 그러나 나는 재테크에 관한 동아리를 적극적으로 추천한다. 자연스럽게 부동산, 펀드, 보험, 연금 등에 대하여 대화를 하는 것이다. 재테크 동아리를 효율적으로 운영하려면 몇 가지 참고할 사항들이 있다.

인원은 둘, 셋, 넷. 많지 않아도 된다. 자매끼리 혹은 형제끼리도 좋다. 인원수가 중요한 것이 아니다. 같은 생각으로 재미있고 유용하게 대화를 할 사람이 필요한 것이지 사람의 수가 필요한 것이 아니다. 10명 이상은 추천하지 않는다. 배가 산으로 갈 수 있다. 사람이 많을 경우 주제 선정도 어렵고 자칫하면 모임 시간이 너무 늘어져서 시간이 낭비될 수도 있기 때문이다.

　다음으로는 매월, 또는 분기에 한 번 등등 주기적으로 모임 시기를 정하고, 만나는 날짜를 매월 두 번째 화요일, 아니면 매 분기 첫 달 첫 번째 토요일 등 미리 정하여야 한다. 모임 날짜를 정하느라 시간을 허비하는 것은 재테크 모임답지 않다. 가장 중요한 시간을 불필요하게 허비하는 재테크 모임은 목적에 가장 어긋나는 행동이기 때문이다. 또한 모임을 하기 전 간결하고 디테일한 주제를 정해야 한다.
　"이번엔 펀드에 대해, 이번엔 보험에 관해 얘기해 보자"가 아니다. 구체적으로 정해야 한다.

미국과 중국펀드 가입 시점일까?
배당률이 높은 주식 종류는?
노후 의료비 실손보험과 연금 중 어느 것이 나을까?
올해 우리 지역 분양정보
우리가 사는 지역 도시계획 정보
정기예금 금리 어디가 높을까?
이번 달 투자 할 만한 지역탐방 등등

전문가를 초청하는 것도 좋다. 꼭 유명하지 않더라도 똑똑한 은행원, 증권사 직원, 보험사 직원 또는 부동산중개사무소 직원도 좋다. 돈이 많은 부자들과의 식사도 추천한다.

단, 조건이 있다. 단돈 몇만 원이라도 감사의 표시를 하되, 상품을 팔지는 말아 달라고 요구하여야 한다. 지혜를 얻고자 함임을 분명히 표시하여야 한다. 짧은 시간이라도 재테크 강의를 받는 것보다 대면하며 나누는 질문과 답변들이 훨씬 더 도움이 될 수 있다. 금융기관에 가서는 대화하기가 쉽지 않다. 불특정 다수인이 내점하는 금융기관 내에서는 충분한 대화를 나누기 어렵다. 오롯이 나를 위해, 나만의 재무관리를 위해 전문가들의 시간을 사라! 분명 도움이 될 것이다.

경제적으로 성공한 부자들을 모시는 이유는 그들에게 디테일을 배우는 것이 아니라, 그들의 경제적 성공한 삶을 지탱하는 정신과 돈을 대하는 태도를 배우고자 함이다.

# 우리 아이 경제교육!
# 우리 집은 명문가인가?

○ 우리 아이 경제교육

경제교육으로 추천하고 싶은 것들 중 하나는 사랑하는 아이들에게 전 세계지도를 펴 놓고 관심 있거나 가보고 싶은 나라를 짚어 보라고 해보는 것이다.

2~3개 나라를 지명하게 하고, 아이와의 동의하에 그 나라에 투자하는 펀드를 가입한다. 월 5만 원 또는 10만 원 등, 본인의 경제상황에 맞게 꾸준히 납입 후 아이가 해외에 나갈 수 있는 연령이 되는 5년, 10년 후 그 펀드를 해지하여 해외여행 경비로 사용하면 된다.

여기서 중요한 것은 국가별 펀드마다 해지 금액이 다를 것이다. 왜냐하면, 국가에 따라 발전 정도나 주식시장 등 많은 변수들이 있으니 당연히 펀드 수익률은 다르게 되어 있다. 이때 해외여행을 보내주되 그 조건으로 왜 이렇게 펀드수익률의 차이가 나는지를 공부하여 제출하도록 한다. 해외여행에 대한 기쁨과 함께 관심 있는 나라에 대한 역사와 지리 경제공부를 한꺼번에 시킬 수 있는 기회가 되기도 하며 우리 아이를 글로벌하게 키울 수 있는 기회이기도 하다. 펀드를 넣어서 얼마의 수익이 났느냐가 중요하지 않다. 수익이 발생했든 손실이 발생했든 더 큰 교육의 효과를 얻을 수 있을 것이다.

또 다른 교육방법으로 용돈 외 계획에 없는 돈을 달라고 하면 빌려주고 이자를 내게 해야 한다.

이자는 적은 돈을 빌릴 땐 은행이자를, 큰돈을 빌릴 땐 높은 이율의 이자를 받아야 한다. 그리고 큰돈을 빌릴 때 왜 많은 이자를 내야 하는지를 설명해줘야 한다. 갚을 수 있을지 의구심이 들 때는 이자를 많이 받음을 이야기하며, 신용등급에 대한 기초교육을 해야 한다.

갚지 않으면 더 이상 빌려주면 안 되고, 신용이 없으면 어떻게 되고 신용불량자가 왜 되는지를 가르쳐야 한다.

요즘 청년들이 돈을 빌릴 수 있는 기회가 많아졌다. 제도상 적극적으로 청년들에게 돈을 빌리라고 권장하기도 한다. 일부의 청년들은 갚을 능력이 안 되는데 무조건 돈을 빌리러 은행에 온다. 계획 없이 돈을 빌린단 얘기다. 더구나 국가에서 대출을 못 갚으면 빚을 탕감해주겠다고도 하니 공짜로 돈을 쓸 수 있는 이보다 더 좋은 기회가 어디 있단 말인가? 일부분이긴 하지만 목적 없이 조건이 맞다고 하여 보증기관으로부터 보증서를 발급받아 오면 은행은 대출을 안 할 수도 없는 상황! 그런데 과연 이렇게 임기응변적인 자금융통으로 한 개인을 성장시킬 수 있는 계기가 될 수 있을까? 아니다. 절대 아니다.

재산을 모은다는 것은 끈기와 인내이다. 무수한 시간의 기다림과 하고 싶은 것을 참고 참았을 때 비로소 내 손에 돈이 쥐어진다. 끈기와 인내도 습관이다. 하루아침에 길러지는 것이 아니며 오랜 시간 훈련이 필요하다. 돈 계산이 흐리고 책임감이 없는 가족이나 동료! 나는 싫다. 나만 싫은 것은 아닐 것이다.


○ 우리 집은 명문가인가?

책이나 영화 속 평범하지 않은 사람들의 훌륭하고 존경스런 이야기와 스포츠선수, 인기연예인들의 연소득을 꿰차며 우리는 감탄을 금치 못한다. 그런데 과연 나와 나의 가족에 대해선 얼마나 알고 있을까?

우리는 많은 경험을 했고 지혜를 배웠으며 자랑하고픈 무용담과 웬만해선 세상에 무릎 꿇지 않을 자신이 있다. 이렇게 자랑하고픈 우리의 이야기는 누구에게 어떻게 전해야 할까?


이런 말이 있다.

A와 B가 각자 사과 하나씩을 가지고 있다고 가정하자. 그 사과를 서로 교환하고 나니 결국 사과 하나씩을 갖고 있었다. 그런데 이번엔 사과가 아닌 지식이나 아이디어가 있다고 가정하자. 그래서 토론을 통해 서로의 아이디어나 지식을 사과처럼 교환했다. 이제 각자에

게 지식이나 아이디어는 몇 개가 남았는가? 서로가 내 것과 너의 것 2개를 가지게 된다. 지식, 지혜, 아이디어를 더 많이 가지려면 소통하고 대화하고 아낌없이 주고받아야 한다.

그렇다면 우리 아이들에게 세상을 사는 지식, 지혜, 아이디어를 주려면 어떻게 해야 할까?

사랑하는 자녀들에게 사소한 언쟁은 하지 않길 바란다. 방 치워라! 빨리 일어나라! 공부해라! 등등. 가끔 이른 나이에 작은 아픔들을 겪게 되더라도 스스로 깨치도록 해 주는 것 또한 좋은 수업이 아니겠는가?

만약 여러분의 자녀가 결혼하게 되어 전셋집을 얻으러 다닌다고 가정하자! 무슨 말을 해주고 싶은가? "좋은 집 잘 얻어라!" 라는 덕담을 해줄 것인가? 아니면 등기부등본 보는 법, 집주인 본인확인을 반드시 할 것, 확정일자 받는 법, 전입신고, 전세금이 과하다 싶으면 전세보장보험 가입하는 법 등을 알려 줄 것인가?

학교에서도 사회에서도 가르쳐 주지 않는 것들이 세상엔 너무나 많다. 내가 살면서 배운 지식과 경험을 내 자식에게 전해 줘야 한다. 그래서 나보다는 좀 더 나은 삶, 좀 더 지혜롭게 살 수 있도록 해줘야 한다. 내가 아들, 딸들에게 하나를 가르쳐주고, 나의 아들딸들은 그 아들딸들에게 두 개 세 개를 더 많이 가르쳐주고.

명문가가 따로 있는가? 이렇게 전통이 이루어지다 보면 명문가가 되는 것.

자! 이제 지금부터 우리 집을 명문가로 만들어 보자!

# 상속,
# 미리 계획하자

　상속세나 증여세는 물려주거나 물려받는 돈의 10~50%를 내야 하므로 평생 쌓아온 부에 큰 영향을 미친다. 그러므로 어떻게 해야 절세하면서 가족 간의 분쟁 없이 상속과 증여를 해야 할지 미리미리 준비해 두어야 한다.

　상속 시 배우자가 없는 경우엔 5억 원, 배우자와 자녀가 있는 경우에 10억 원 정도는 크게 세금 걱정을 안 해도 되지만 그 이상의 돈이 상속될 경우엔 사전 준비가 필요하다.

　'돈이 있어야 자식에게 대접받는다'는 생각으로 끝까지 재산을 가지고 갈 수 있겠으나, 요즘은 워낙 오래 살다 보니 자식에게 재산을 물려줄 때쯤이면 자식도 그다지 돈이 필요한 시점이 아닐 수 있다. 그러므로 사랑하는 자식이 돈이 필요로 할 시점에 적절히 증여를 해주는 것도 지혜라고 본다.

상속을 내가 원하는 대로 이루어지게 하려면 유언장을 작성하는 것도 하나의 방법인데 중요한 것은 신중히 유언장을 작성했지만, 효력이 없을 수도 있다.

유언의 방법에는 자필증서, 녹음, 공증인이 대신 기술한 공정증서, 자필증서에 공증효력을 더한 비밀증서, 급박한 사유에 시행되는 구수증서 등 5가지 방법만 유언장으로 법적 효력을 갖는다. 그중 자필증서에 의한 유언은 유언자가 유언장에 유언내용과 연월일, 구체적인 주소, 성명을 자서하고 날인하여야 한다. 도장 없이 서명만 한 유언은 효력이 없다는 점에 유의해야 한다. 또한, 자필유언이 유효하려면 자필로 작성해야 한다. 컴퓨터로 작성한 유언은 효력이 없다. 자필유언은 비용이 들지 않고 증인이 필요 없으며 작성시간이 오래 걸리지 않는 것이 장점이지만 단점은 유언의 위조나 변조, 분실, 위험이 있다는 것이다.

상속인 간의 분쟁 소지가 있다고 판단되면 공증유언을 하는 게 좋다.


재산을 상속하면 일반적으로 상속세 조사를 받게 되는데 피상속인(사망자)이 생전에 상속인(재산을 물려받는 자)에게 재산을 일정 부분 이전했다는 가정하에서 시작된다.

관할 세무서에서는 상속세 신고 여부와 관계없이 금융거래내역 등을 면밀히 점검하게 되는데 이는 우리나라 상속세법상 '사전증여재산' 및 '추정상속재산'이란 규정에 근거하고 있다.

'사전증여재산'은 피상속인이 상속인에게 최근 10년간, 손녀·며느

은행을 활용하여
부자되는 습관

리 등 상속인 외의 자에겐 최근 5년간 증여한 재산으로 상속세법은 이를 상속재산에 합산하도록 규정하고 있다.

'추정상속재산'은 사망일로부터 1년 이내 2억 원, 2년 이내 5억 원에 대하여 금융거래 추적이 힘든 현금, 유가증권 등을 인출했지만, 그 사용처가 입증되지 않은 재산은 무조건 상속재산에 합산하도록 규정되어 있다.

이와 같이 상속세는 상속 당시 재산뿐만 아니라, 생전의 재산 흐름까지 조사한다는 것을 인지하고 다음 사항을 유념하여야 한다.

첫째, 사망 이전 피상속인 명의에서 가족 간 이체거래는 가급적 피하는 것이 좋다.

둘째, 피상속인의 생활비와 병원비 등 일체의 비용은 피상속인 계좌에서 사용하도록 한다.

셋째, 부득이 현금 인출 시엔 사용처에 관한 증빙을 철저히 구비하고 영수증을 첨부하기 힘들 땐 통장이체내역에 지출내용을 표기한다.

넷째, 상속세 비과세 금액 이내라도 상속재산이 있다면 상속세 신고를 해야 한다. 이유는 피상속인의 금융거래내역을 상속인이 모두 파악하기 어려우므로 혹 상속세를 납부해야 할 상황 발생 시 상속세 신고 유무에 따라 추가로 납부해야 할 상속세가 발생하더라도 가산세 적용에서 우대를 받을 수 있고 향후, 상속으로 받은 재산은 자금출처 재원으로 사용될 수 있기 때문이다.

○ 빚만 남긴 상속 포기하려면?

상속을 받으려면 재산뿐만 아니라 빚도 동시에 물려받게 된다.

만약 물려받는 것이 재산보다 빚이 더 많다면 피상속인의 권리·의무를 승계하지 않고 상속 자체를 포기하거나, 상속재산 범위 내에서 상속채무를 갚을 것을 조건으로 상속받는 한정승인을 하여야 한다.

상속 포기 신청은 반드시 법원에 하여야 하며 상속인이 된 것을 안 날로부터 3개월 이내에 하여야 한다. 이해당사자들을 만나 상속포기각서를 작성하는 것만으로는 상속 포기 효력이 발생하지 않는다. 법원에 상속 포기 신청을 하면 심사 후에 상속 포기를 승인하는 심판을 받게 되는데, 그 심판이 상속 포기 신청인에게 고지된 때에 상속 포기효력이 발생한다.

주의할 점은 상속 포기 신청절차가 진행되는 도중에 다른 재산을 처분하면 상속 포기 효력 자체가 사라진다는 것이다. 예컨대, 아버지의 빚을 물려받지 않기 위하여 상속 포기 신청을 하고 난 후 아버지가 가진 재산 중 일부라도 팔아 재산을 정리했다면 상속 포기 효력이 사라진다. 그러므로 상속 포기 신청 후 법원이 포기를 확정하는 기간인 통상 2~3개월 동안에는 재산을 처분하지 않아야 불이익을 피할 수 있다.

자녀가 상속을 포기하면 또 다른 직계비속인 손자가 할아버지의 빚을 상속받게 된다. 손자가 빚을 상속받지 않으려면 할아버지의 자녀가 '한정승인'을 해야 한다.

한정승인이란 상속인이 실제로 받은 상속재산 한도에서만 빚을 변제하는 제도다. 자녀가 한정승인을 하면 그 자녀가 상속인이 되어 할아버지로부터 받은 상속재산의 한도에서만 빚을 변제하면 되므로 그 빚이 손자에게 넘어가지 않는다.

청구방법은 법원에 한정승인 심판청구서를 제출하면 된다. 청구기간은 상속인이 된 것을 안 날로부터 3개월 이내에 하여야 한다.

○ 증여 시 유의사항

현재 증여세법은 한국 거주자 자녀에게 증여하는 경우 10년간 성년인 경우 5,000만 원까지, 미성년자인 경우엔 10년간 2,000만 원까지 세금을 부과하지 않는다. 단, 증여를 받는 사람이 한국 거주자가 아닌 경우엔 적용되지 않는다.

이 조항을 활용하면 자녀가 20세가 되면 9,000만 원 이상의 자산을 증여신고를 통해 보유할 수 있다. 태어났을 때 2,000만 원, 만 10세가 되었을 때 2,000만 원, 만 20세가 되었을 때 5,000만 원을 각각 자녀명의 계좌에 이체하고 증여신고를 하면 된다.

과세관청은 증여 목적으로 자녀명의 예금계좌를 개설해 현금을 입금한 경우 입금한 시기에 증여한 것으로 추정하지만 입금한 시점에 증여 사실이 확인되지 않으면 금전을 자녀가 인출해 실제로 사용한 날에 증여받은 것으로 보고 있다. 다시 말해 이체 목적이 증여라면 반드시 증여세 신고를 해서 객관적 증거를 마련해야 한다는 것이다.

비과세 증여 시 세금이 발생하지 않더라도 반드시 증여신고를 해야 하는 이유이다.

따라서 자녀 명의계좌에 현금을 이체한 이유가 증여라면 이체일이 속한 달의 말일로부터 3개월 이내에 반드시 증여신고를 해서 거래사실을 입증하는 것이 좋다.

일시금이 아닌 적립식증여도 가능한데 자녀에게 목돈이 아니라 매달 적립식으로 증여를 원하는 경우 세법상 원칙은 입금한 때마다 증여 시점으로 보기 때문에 매번 증여세신고를 해야 하는 것이 원칙이다. 5년간 매월 30만 원씩 적립식펀드로 증여하고자 한다면 원칙적으로 증여세 신고를 60번 해야 한다.

이같이 적립식펀드를 증여신고 하지 않은 경우에는 해당되는 적립식펀드를 자녀가 인출하여 사용한 시점에 증여한 것으로 보게 되므로 유의하여야 한다.

만약 적립식증여를 하고자 할 경우는 자녀와 사전 적립식펀드에 일정 기간 동안 일정 금액을 매회 불입하기로 증여계약을 체결하고, 최초 불입일로부터 3개월 이내에 증여신고를 하면 된다. 이 경우 미래에 증여할 금액이 최초 증여신고 시점으로 할인되므로 할인액만큼 증여재산가액이 감소해 절세효과를 볼 수 있다. 따라서 증여할 재산가액이 큰 경우 고려해 볼 만하며, 1회에 증여세신고로 종결할 수 있는 장점이 있다.

만약 친가나 외가의 조부모가 손자나 손녀에게 증여할 경우 증여세가 30% 할증된다. 단, 손자, 손녀가 미성년자이고 증여재산가액이 20억 원을 넘어설 경우엔 40%가 할증된다.

2018년도 증여세 및 상속세 세율표

| 과세표준 | 세율 | 누진공제 |
|---|---|---|
| 1억 이하 | 10% | 0원 |
| 1억 초과~5억 이하 | 20% | 1,000만 원 |
| 5억 초과~10억 이하 | 30% | 6,000만 원 |
| 10억 초과~30억 이하 | 40% | 16,000만 원 |
| 30억 초과 | 50% | 46,000만 원 |

· 증여세 신고납부기한은 증여일이 속하는 달의 말일부터 3개월 이내이다.
· 상속세 신고납부기한은 상속개시일이 속하는 달의 말일부터 6개월 이내이다.
· 증여세, 상속세 신고기한 내 신고 시 산출세액에 5%가 세액공제된다(2019년도부터 3%).

증여세면제한도

| 배우자로부터 증여받는 경우 | 6억 원 |
|---|---|
| 직계존속으로부터 증여받는 경우 | 미성년자 2,000만 원 |
| | 성년자 5,000만 원 |
| 직계비속으로부터 증여받는 경우 | 5,000만 원 |
| 기타친족으로부터 증여받는 경우 | 1,000만 원 |

03

은행 어떻게 활용할까?

부자가
되기 위해

지금 무엇을
하는가

# 돈과 사람들

    은행에 오시는 분들의 모습과 직업도 다양하지만, 돈의 크기와 재산축적 과정으로도 다양한 모습을 보여준다.

    사람마다 가진 돈의 크기는 많이 다르다. 몇천억, 몇백억, 몇십억대의 부자, 이제 10억을 넘기고 새로운 도전을 향해 달리는 열정의 부자, 1억 모으기 목표를 달성한 행복한 부자, 이제 사회생활을 시작하면서 적금을 넣으러 오신 미래의 부자 등 모두가 부자이긴 하나 돈의 크기는 다르다.

    돈의 모습도 다르다. 어떤 분은 차곡차곡 쌓아가며 절대 무너지지 않을 성을 쌓는 분도 계시지만, 성큼성큼 돈이 불어나기는 하는데 왠지 불안한 모래성 같은 분들도 계신다. 물론 금수저도 있다.

    대출의 모습은 더 다양하다. 대출을 최대한 받아 큰 물건을 사고 리모델링을 하여 2~3년 내 크게 불릴 생각으로 오시는 분, 집을 사는데 부족한 돈을 대출받기 위해 이 은행 저 은행 야무지게 금리 비교를 하는 분, 이제 곧 은퇴하실 나이인데 자식 혼사비용이 모자라 남은 단 하나의 집 담보대출을 받으러 오시는 분.

가끔은 갚지 않을 마음으로 퇴사를 작정하고 은행에 신용대출을 받으러 오는 경우도 있는데, 경험상 거절하기도 하지만 돈을 떼이는 경우도 있다. 이렇듯 많은 일들이 일어난다.

그중에서 가장 눈여겨보는 것은 돈의 크기와 모습 뒤에 숨겨진 고객들의 살아가는 모습이다. 우리는 부자들의 모습을 대부분 책으로 본다. 그러나 나는 부자와 빈자들의 돈을 대하는 태도와 돈의 움직임들을 매일 매일 볼 수 있었고 오늘도 본다.

책을 통해 많이 알려졌듯이 부자들에게는 대체적으로 공통점들이 있다. 은행에서도 마찬가지로 부자들은 특이점이 나타나는데….


○ 은행에서 부자들의 모습

첫째, 부자들은 이른 아침에도 목소리가 밝고 활기차다. 아침부터 부지런히 움직인다는 얘기다.

둘째, 돈 관리를 절대 남에게 맡기지 않는다. 본인이 직접 관리한다. 특히 금융기관의 공인인증서와 보안카드는 철저히 관리한다.

셋째, 알면서도 묻는다. 그리고 경청한다. 직원을 시험하려 하는 것이 아니고, 본인이 알고 있는 것을 확인하거나 혹시 놓치는 것을 방지하려 함이다.

넷째, 돌다리도 두들겨 본다. 대출을 받더라도 확인에 확인을 거듭한다. 실수를 하지 않기 위해서다.

다섯째, 은행을 적으로 만들지 않는다. 부득이 대출취급은행을 옮겨야 하는 상황이 발생할 경우 은행이 고객이탈로 인한 준비를 할 수 있도록 사전에 의논한다. 혹 다음에 돌아와야 하는 사항이 발생할 시 길을 열어두고자 함도 있을 것이다.

여섯째, 세금이나 공과금 등 납기를 지켜야 하는 것은 절대 넘기지 않는다. 그들에겐 연체란 있을 수 없는 일이다.

일곱째, 전화를 잘 받는다. 받지 못했을 경우엔 반드시 전화를 다시 하여 못 받은 사유를 설명하고 정중히 사과한다.

여덟째, 업무를 빨리 해달라고 독촉하지 않는다. 미리미리 일을 보거나 예약을 하고 온다.

아홉째, 주차권 하나도 반드시 챙긴다. 절대 허투루 돈을 쓰지 않는다.

열 번째, 은행직원을 고용한다. 펀드나 보험실적으로 힘들어하는 직원들의 부탁을 받으면, 작은 성의라도 보여줘서 은행 직원을 내 편으로 만든다. 더 크게 보면 은행직원을 고용하는 것과 같은 효과를 보게 된다. 왜냐하면 본인의 실적을 올려준 고객을 위해 그 은행직원은 열과 성을 다할 것이기 때문이다.

그런데 위의 경우와 반대인 사람들도 있다. 자금관리에 어려움을 겪고 있거나, 앞으로 금전적으로 어려움을 겪을 확률이 높은 사람들이다.

# 예금하러 가기 전
## 알고 가야 할 것

저축을 해야겠다는 생각을 하고 은행에 간다. 적금을 넣고 목돈은 정기예금을 하고 은행직원이 권유하면 펀드도 넣어보고 보험을 권유받으면 가입을 하기도 한다.

보통의 경우엔 은행가기 전 소중한 내 돈을 맡기는데 고민을 해보고 가지는 않는다. 그러나 이제부터는 예금하러 가기 전 몇 가지는 챙겨 보도록 하자.

먼저 앞장에서 설명하였듯이 이 돈의 목적이 무엇이고 필요한 시기가 언제인지에 대하여 명확히 하여야 한다. 그래야 상품을 결정할 수 있다.

예를 들어 3개월 뒤 자녀 대학학자금인 돈과 6개월 후 결혼자금, 3년 후 주택구입자금, 30년 후 노후자금은 분명히 목적도 다르고 사용할 시기가 다르다.

그렇다면 저축상품은 어떻게 선택하여야 할지가 어렴풋이 정해진다.

단기 즉 1년 이내에 꼭 사용할 돈이면 절대 원금손실이 발생하면 안 되고, 이자는 좀 높으면 금상첨화이지만 중요한 것은 돈이 필요한 시기에 제약이 없어야 한다.

다음으로 3년 후 꼭 필요한 주택구입자금이라면 금리를 꼭 챙겨봐야 하겠지만, 적은 돈이 아니니 금리만 쫓아 부실한 은행에 예금을 하였다가 떼이면 안 되기 때문에 예금자보호법도 반드시 챙겨봐야한다.

30년 후 노후자금이라면 상황은 매우 달라진다. 긴 시간 동안 예치를 하여야 하니 검토할 사항이 매우 많아진다. 금리나 예금자보호법, 위험을 감수하더라도 수익성이 좋은 투자 상품을 이용해야 할지, 10년 이상 보험상품을 가입하고 비과세 혜택을 봐야 할지 등등.

결론적으로 예금하러 가기 전 나의 상황파악을 먼저하고, 상황에 맞는 돈의 사용처와 사용 시기에 따른 정보를 은행직원에게 제공하여 주면 보다 전문적인 서비스를 받을 수가 있다.

준비가 되어 있지 않으면 목적과 다르게 돈이 운용되어 펀드로 손실을 입었음에도 필요시기가 도래하여 해지하여야 한다든지, 보험을 해약하게 되어 큰 손실을 볼 수도 있다.

또는 노후자금을 너무 단기간 운용함으로써 복리효과나 투자효과를 누리지 못할 수도 있다. 위의 사항은 은행을 찾기 전 반드시 기억하자.

# 대출상담 전
# 알고 가야 할 것

대출이 필요해 상담을 하다 보면 용어를 못 알아들을 때도 있지만, 무엇을 물어봐야 하고 무엇을 챙겨야 할지 난감할 때가 있다.

어쩌다 전문적이지 않은 은행직원을 만나게 되면 잘못된 설명을 듣기도 하고, 서류 안내를 잘못 받아 여러 번 걸음을 하여야 하는 경우가 발생하기도 한다. 금융기관대출에 대한 기본적인 사항을 알고 간다면 최소한 시간낭비나 잘못된 선택을 할 위험을 줄일 수 있다.

○ 대출은 계약이다

계약이란 상호 협의와 승낙에 의해 완성된다. 상호 협의라는 절차에서 소비자는 반드시 경제상황에 맞게 자금의 조달과 상환을 위한 충분한 검토가 필요하다. 그러기 위해서는 두 가지 알아야 하는 사

은행을 활용하여
부자되는 습관

항이 있다.

우선 대출에 대한 기본적인 것들을 알아야 하고, 다음으로는 실력 있는 은행직원을 알아야 한다.

실력 있는 은행직원을 알아야 하는 이유는 많은 종류의 대출 중 나에게 맞는 상품을 고를 수 있는 선택의 폭이 넓어지기 때문이다. 똑같은 대출상품도 기간과 금리, 상환방법 등을 어떻게 선택하느냐에 따라 나에게 경제적 손실을 입힐 수도 이익을 볼 수도 있는 상황이 전개될 수 있다.

## ○ 대출 선택 시 필수 검토사항

### … 첫째, 대출 거래방식에 따른 분류

거래방식은 2가지로 나뉘는데 개별거래와 한도거래다. 개별거래는 약정액 범위 내에서 일시에 대출이 발생하고, 한도거래는 한도 약정액 범위 내에서 대출 거래 기간 동안 사용을 해도 되고 안 해도 된다. 일명 마이너스통장이라 불리는 대출이다. 필요한 만큼만 써도 되니 소비자 입장에서는 실보다는 득이 큰 상품이다. 단점이라면 개별거래보다는 금리가 상대적으로 비싸다.

은행은 한도거래 즉 마이너스대출을 싫어한다. 왜냐하면 약정만 해 놓고 사용을 하지 않으면 은행은 항상 자금은 준비해야 하고, 고객은 사용하지 않으니 이자를 내지 않는다. 그렇게 되면 은행은 손실만 발생하는 대출이 되어 버린다.

… 둘째, 상환방법

보편적으로 사용하는 방법으로 일시상환과 원금균등분할상환, 원리금균등분할상환이 있다. 일시상환이란 대출금을 만기일에 전액 상환하는 방식이고, 원금균등분할상환이란 대출원금을 약정한 내용에 따라 정기적으로 균등하게 분할하여 상환하는 방식이다. 원리금균등분할상환이란 원금과 이자의 합계금액을 균등하게 분할하여 매월 상환하는 대출이다.

원금균등분할상환과 원리금균등분할상환의 경우 상품에 따라 거치기간을 둘 수 있다. 거치기간이란 대출기간을 5년으로 약정하고 원금균등분할상환방식을 취하고 싶은데 당분간 돈 들어갈 곳이 많아 1년 동안은 이자만 내고 나머지 4년 동안은 원금을 분할하여 상환하고 싶을 경우 원금상환을 하지 않는 1년을 거치기간이라고 한다. 이러한 거치기간이 필요할 경우 금융회사와 협의하여 사용하면 된다.

… 셋째, 금리체계

금융자금대출의 금리체계는 일반적으로 MOR·COFIX 연동금리, 수신금리연동대출금리로 구분한다. 이외에도 다양한 금리종류가 있으나 일반적이지 않아 소개를 생략한다.

MOR과 COFIX 연동금리의 경우에는 MOR 또는 COFIX 중 하나를 기준금리로 정하고 별도의 가산 금리를 더하여 운용된다. 별도의 가산 금리란 개인별 신용등급 및 담보종류에 따른 리스크, 법적 비용, 업무원가 등에 따라 정해지는 금리이다.

MOR(Market Opportunity Rate)는 시장조달금리로서, 채권시장에서 은행별로 한계도매조달금리를 말하고, 대형금융기관일수록 신용도가 좋아 조달금리가 낮아지며 그러므로 금융기관마다 금리가 다를 수밖에 없다.

참고로 MOR 금리는 금융회사마다 다르지만 2018.2.19. 기준으로 대략 3개월 연 1.65%, 6개월 연 1.72%, 1년 연 1.99%, 2년 연 2.32%, 3년 연 2.49%, 5년 연 2.75%이다.

COFIX(Cost of Funds Index)는 국내 8개의 정보제공은행들이 제공한 자금조달관련 정보를 기초로 하여 산출되는 자금조달비용지수이며, 종류로는 월중신규 COFIX, 월말잔액 COFIX, 혼합기준 COFIX(월중신규 COFIX과 월말잔액 COFIX를 50:50 비율로 혼합), 단기 COFIX로 구분하여 전국은행연합회에서 고시하는 금리이다. 금리변동주기는 단기 COFIX는 3개월이며, 그 외 금리는 6개월 1년으로 운용된다.

참고로 전국은행연합회에서 고시하는 2018.2.19. 기준 COFIX 공시금리는 잔액기준 COFIX 연 1.73%, 신규취급액기준 COFIX 연 1.78%, 단기 COFIX 연 1.61%이다.


변동금리대출은 금리변경주기, 고정금리 대출은 대출기간에 의해 금리가 결정된다.

그러면 위의 내용을 보고 금리 결정 시 어떻게 해야 하나?

MOR이나 COFIX의 금리 변동사항을 참고하여 기준금리를 어떤 것으로 하여야 할지 선택한다. 금리상승기에는 장기 고정금리를 더 선호하기 때문에 MOR 금리가 더 많이 사용된다. 이유는 COFIX 금리 대비 MOR 금리가 장기고정금리 측면에서 더 다양하게 적용할 수 있기 때문이다. MOR 금리는 1년, 2년, 3년, 5년 등 다양한 종류의 장기금리가 있으나, COFIX는 최장기간이 1년이다.

다음으로 담보대출일 경우엔 근저당권설정 등 업무원가와 신용등급에 따른 리스크가 금리에 영향을 많이 미치고, 신용대출일 경우엔 근저당권설정 등으로 인한 비용이 절감되면서 업무원가가 절감되니 그 외의 사항들이 금리에 더 큰 영향을 미치므로 신용대출과 담보대출을 함께 조건과 금리를 비교함이 좋다.

그다음은 고정금리를 할지 변동금리를 할지를 선택해야 한다. 변동금리는 대출계약 기간 동안 금리가 변동됨을 의미하는데 변동되는 주기는 보통 3개월, 6개월, 1년이다. 금리가 오르는 상황이라면 금리변동주기가 긴 것이 유리하고 금리가 내리는 상황이라면 금리변동주기가 짧은 것을 선택한다. 지금처럼 금리가 계속적인 상향추세에 있는 경우에는 단기금리로 운용하는 것보다 대출기간을 3년 정도로 가져가고 3년 동안 금리가 고정되도록 계약을 하는 것도 생각해 볼 만하다.

수신금리연동대출금리란 은행에 예치한 예금이나 적금 등을 담보로 대출을 받을 때 해당되는 상품금리에 일정 금리를 가산하여 적용되는 대출금리이다.

### … 넷째, 대출기간과 중도상환가능여부

대출기간은 짧게는 수개월부터 길게는 33년까지 정할 수 있다. 자금상환계획에 맞게 기간을 정하면 되지만 문제는 중간에 자금의 여유가 생겼을 때 갚을 수 있는 대출이냐는 것이다. 대체적으로 중도상환은 가능한데 문제는 중도상환 시 발생하는 수수료이다.

금융회사에서 중도상환수수료를 받는 이유는 크게 두 가지이다. 하나는 부동산담보대출의 경우 근저당권설정수수료, 임대차조사수수료, 감정평가수수료, 인지세 등의 발생한 비용을 금융회사가 부담하였는데 몇 달 만에 대출을 갚는다면 오롯이 손실이 발생하게 되고, 다음으로는 대출 기간 동안 자금을 조달하였는데 갑자기 대출이 상환되면 남은 기간 동안 자금조달비용으로 인한 손실이 발생하기 때문이다.

그렇기 때문에 만약에 모를 중도상환에 대비하여 수수료가 발생하는 기간과 수수료율을 잘 살펴보아야 한다. 중도상환수수료는 대출을 받은 지 3년이 경과하면 대부분 발생하지 않고, 대출 시점부터 기간이 경과할수록 낮아지는데 보통의 경우 원금상환액의 1.5%부터 시작하여 대출 기간이 경과할수록 점차 낮아진다.

### ⋯ 다섯째, 금리인하요구권

다음의 요건을 충족한 채무자가 금리 인하를 요청하는 제도이다. 요건으로는 직장 변동이 있는 경우, 대출 신규 및 기한연장 시점 대비 현재의 소득이 현저히 증가(보통 20% 이상)한 경우, 동일 직장 내 직위가 상승한 경우, 신용등급 개선이나 자산증가 및 부채개선, 그리고 우수고객선정이 되었을 경우이다. 그러나 이러한 조건을 갖추었어도 상황에 따라선 금융회사에서 금리를 인하하지 못할 수도 있다.

### ⋯ 여섯째, 대출계약 철회

금융소비자, 즉 대출을 받은 사람이 대출계약에 대한 숙려기간 동안 불이익 없이 대출계약으로부터 탈퇴할 수 있는 제도를 말한다. 보험계약 청약철회기간과 비슷한 개념으로 보면 된다. 방법은 대출 실행일로부터 14일 이내에 서면, 전화, 인터넷뱅킹으로 철회 신청하고, 대출관리 영업점을 방문하여 대출 원리금과 부대비용을 전액 상환하면 된다. 부담하여야 할 부대비용으로는 부동산 담보대출시 은행이 부담했던 인지세, 근저당권 설정비용, 감정평가수수료, 임대차 조사비용 등이다. 대출계약 철회 대상은 무조건 다 되는 것은 아니고 가계자금 대출 중 4천만 원 이하의 신용대출 및 2억 원 이하의 담보대출을 대상으로 한다. 단, 보증서담보대출, 정책자금대출 등 은행 외 기관 위탁대출이나 협약대출은 대출계약 철회 대상에서 제외한다. 대출계약 철회가 제한되는 경우는 한 은행에서 1년에 2회를 초과하여 대출계약을 철회하는 경우와 전체 금융회사를 대상으로 1

개월 이내에 1회를 초과하는 경우이다. 대출계약 철회를 위한 대출 원리금 회수 시 중도상환해약금은 징수하지 않는다. 상황판단 오류로 대출을 받았을 시 대출상환보다 대출계약 철회제도를 이용하는 것은 중도상환수수료보다 이자와 비용을 변상하는 것이 더 이익이기 때문이다.

# 담보대출
## 얼마나 가능할까?

부동산의 종류는 다양하다.

아파트, 상가, 오피스텔, 원룸, 나대지 등등. 그런데 금융회사의 담보대출은 부동산을 어떻게 평가하고 어떻게 대출금액을 산정하는 것일까?

부동산담보대출의 경우 금융회사에서는 먼저 부동산의 가격에 대한 평가가 이루어진다. 아파트는 담보물평가가 단순하고 간단하다. 그러나 그 외 물건들은 감정평가를 실시하게 되는데 비교적 간단한 물건은 은행 자체 시스템에 의하여 평가를 하기도 하지만, 난해하거나 금액이 클 경우엔 신뢰할 만한 감정평가법인을 여러 곳 지정하며 공정을 기하고 사고를 막기 위하여 랜덤형식으로 추출하여 평가를 맡긴다.

다음으로는 담보물에 대한 적정 대출가능금액 산정인데 이는 담보

은행을 활용하여
부자되는 습관

종류별, 지역별로 비율을 달리한다.

예를 들면 담보물이 아파트인 경우와 임야인 경우, 땅 위에 건축물이 없는 나대지(裸垈地)인 경우 등에 따라 담보인정비율이 달라진다. 이유는 대출이 정상적으로 상환되지 않을 경우 경매 등의 방법을 통하여 대출금을 회수하여야 하는데 이때 대출금을 얼마나 회수할 수 있느냐와 밀접한 관계가 있다. 또 하나는 서울 강남 한복판에 있는 상가와 어느 이름 모를 시골의 임야가 같은 담보비율로 평가될 수 없는 논리이다.

원론은 그렇고 담보물별, 지역별 담보인정비율은 어느 정도가 될까?

금융회사별로 시기별로 다르긴 하나 대체적으로 주택 70%, 주거용 오피스텔 80%, 상업용 오피스텔 65%, 아파트단지상가 70%, 주상복합상가 60%, 기타상가건물 70%, 숙박시설 65%, 공장 80%, 주유소 75%, 창고 70%, 나대지 80%이며, 임야와 전답은 지역별 편차가 매우 큰데 50~ 80% 정도이다. 지역별로는 도심지와 시골의 경우 대략 10% 정도의 비율 차이가 난다.

위의 비율을 적용하여 나대지를 담보로 한 대출가능금액을 산정해보면 감정평가액이 1억 원일 경우 담보비율이 80%이니 대출가능금액은 8천만 원이 된다. 만약 나대지에 창고나 주차장으로 임대를 줬다면 임대금액만큼은 차감해야 한다.

주택의 경우는 복잡하다. 울산에 있는 방 3칸이 있는 주택을 1억 원에 구입한다면 1억 원에서 담보비율 70%를 적용하면 7천만 원이 된다. 그런데 방이 3칸이니 방수에 따른 소액임차보증금을 공제하여야 한다. 울산지역 소액임차보증금은 2천만 원이다. 방이 총 3칸이니 6천만 원을 공제하여야 하는데 그렇게 되면 대출가능금액은 1천만 원밖에 되질 않는다. 만약 임대가 있다면 임대금액과 6천만 원 중 큰 것을 공제하여야 하고, 본인이 직접 거주할 경우엔 소액임차보증금을 공제하지 않을 수는 있다.

결론적으로 담보물평가액에서 담보비율을 곱하고 임대보증금(임대가 안 되었을 경우 주택의 경우엔 주택소액임차보증금을, 상가의 경우엔 상가소액임차보증금)을 차감하면 대출가능금액이 된다. 단, 신용등급이 높을 경우엔 임차보증금 차감을 적게 할 수도 있으니, 평소 신용등급관리를 철저히 하여야 한다.


금융회사의 대출은 정부의 시책이나 경제상황에 따라 수시로 변한다. 지금처럼 정부에서 집에 대한 부동산 규제가 시작되면 주택대출은 가능금액과 금리, 상환 방식 등에 큰 영향을 미치게 되고, 경제상황이 악화되면 금융회사는 대출을 경계하게 된다. 담보만 가지고 가면 대출이 가능한 시기가 있는가 하면, 담보가 있고 신용이 좋더라도 어려운 시기가 있다.

# 신용대출
## 얼마나 받을 수 있나?

신용대출은 개개인의 신용에 따라 대출가능금액이 정해진다.

그러면 신용평가 대상은 무엇일까? 직업에 따라 다소 차이는 있겠으나, 사업자는 사업기간(직장인은 근속기간), 연소득이 가장 큰 영향을 미치게 된다. 다음으로는 과거 신용거래 형태 및 현재 대출 및 카드 연체여부, 각종 공과금연체, 대출이율이 비싼 금융회사의 대출 사용 여부 등이 된다.

금융회사마다 신용평가 방법이 다르다. 이유는 금융회사마다 오랜 대출관리 경험상 직업군, 거래형태별 축적된 분석 데이터가 있으며 이를 근거로 나름대로의 개인별 신용대출한도를 결정하기 때문이다. 그러므로 금융회사별 개개인의 대출한도는 다를 수밖에 없다. 그러면 금융회사마다 다니면서 신용대출을 받으면 엄청나게 많은 대출을 받을 수 있지 않을까? 그렇지 않다. 신용대출가능금액이 확정되면 해당 은행에서 먼저 취급된 신용여신을 차감하고, 다음으로 다른 금융회사의 신용여신, 모든 카드회사의 현금서비스 잔액과 카드론, 자동차 할부금 등 신용으로 취급된 모든 대출을 차감하고 난 나머지를 대출받을 수 있다.

직업이나 소득이 없더라도 금융회사의 우수고객으로 선정되면 신용상 문제가 없을 시 신용대출이 가능하다.

보통 6,000만 원까지도 가능하니 가급적 주거래 은행을 정하여 우수고객이 될 수 있도록 하는 것도 대출이 급할 시 활용할 수 있는 좋은 방법이다.

# 대출금리
# 우대받는 방법

금융기관에서 대출금액을 결정하고 나면 금리를 정하게 된다.

금리는 어떻게 결정되는지 살펴보자.

금융기관의 대출금리 결정은 크게 신용등급과 신용등급외의 요소들로 나누어진다. 사실 대출 금리의 80% 정도는 신용등급에 의해 확정되므로 금리는 대출받는 본인이 결정한다고 해도 과언은 아니다. 그러므로 신용등급 관리는 필수이며 그 외 요소들은 대출할 때 어느 정도는 금융기관과 협의하에 충족 가능하다.

신용등급관리방법은 다음 장에서 상세히 설명하도록 하고, 신용등급 외의 요소들에 대해 알아보자.

금융기관마다 작은 차이들은 있을 수 있지만 대략 다음과 같다.

첫째, 거래실적 우대방법

① 우수고객 등급이다. 그러므로 주거래은행에서 대출을 받는 것이 가장 좋은 방법이다.

② 대출받는 금융기관의 신용카드 사용액이다. 카드가 없다면 신규로 발급하면 되는데 보통의 경우 3개월에 100만 원 정도 사용을 해야 한다는 조건이 붙는다.

③ 급여이체. 대출받는 때부터 급여이체 은행을 변경하여도 된다.

④ 자동이체 건수이다. 보통 5건 이상이 필요하다. 이 또한 대출받는 때 건수를 채우면 된다.

⑤ 예금, 펀드 등 상품가입 현황이다. 가입금액도 중요하지만 다양한 종류와 건수가 더 중요 할 수 있다.


둘째, 기타금리 우대적용방법

① 대출기간이다. 기간이 길면 금리는 올라간다. 은행에서는 리스크 관리차원이다.

② 변동금리인지 고정금리인지 이다. 이는 시장 상황에 따라 달라진다. 지금처럼 금리가 오르는 시점에서는 고정금리가 높은 편이다. 반대로 금리가 내리는 시점에서는 고정금리가 낮게 적용된다.

③ 은행거래 기간이다. 거래기간은 1년 정도면 괜찮다. 은행별로 차이가 있겠지만, 고객등급 산정 시 보통 분기마다 평가를 하고 6개월 내 거래를 중시한다.

④ 스마트뱅킹 등과 같은 전자금융 가입고객이다. 이는 새로 가입하면 된다.

⑤ 개인사업자가 금융교육을 받았을 때이다.
　이 제도는 2015년 7월부터 금융교육을 받은 개인사업자에 대한 대출 금리를 0.1~0.2% 포인트 낮춰주고 있다.
　금융교육 이수방법은 금융연수원 홈페이지에서 〈자영업자가 꼭 알아야 할 금융상식〉 과정을 들으면 되고 스마트폰으로도 수강 가능하다. 교육내용은 대출계약 내용, 신용관리 방법, 금융사기예방과 대처방법 등에 대해 사례 중심으로 5회에 걸쳐 총 75분 소요된다. 교육 이수 후 수료증을 받아 은행에 제출하면 할인 금리를 적용받을 수 있다.

은행을 활용하여
부자되는 습관

부자가
되기 위해

지금무엇을
하는가

04

펀드

부자가
되기 위해
지금 무엇을
하는가

# 투자 상식

투자는 스스로 판단하에 가능성이 보이는 대상과 시기에 얻고자 하는 목표수익률을 선택하여 자금을 운용하는 것이다. 저축상품은 예금자보호법과 만기와 이율을 챙기면 되겠지만, 투자 상품은 지속적인 관리를 하여야만 본인이 원하는 수익을 얻을 수 있다.

먼저 해야 할 일은 투자하고자 하는 대상의 선정이다.

어느 날 방문한 은행에서 갑자기 은행직원이 추천하는 펀드를 가입하는 것이 꼭 나쁘지는 않지만, 앞으로 투자를 스스로 결정할 수 있는 내공을 키우기는 어렵다. 왜 여기에 투자를 했는지 무엇이 호재이며 무엇이 리스크인지를 꼼꼼히 따져 보아야 하며 은행직원을 믿고 무조건 가입하는 것은 현명하지 않다.

다음으로 목표 수익률을 설정하고 주기적으로 살펴야 한다. 목표 수익률에 근접했다면 욕심내지 말고 찾아야 한다. 수익이 오를 땐 계속 오를 것 같고 내릴 땐 계속 내릴 것만 같은 것이 사람의 심리. 수익률은 언제 다시 변할지 모르니 목표수익률에 근접했다면 찾을 줄 아는 결단성을 습관화하여야 한다. 투자를 한 번만 하고 안 한다면 모르겠지만.

펀드수익률을 금융기관에서 확인 시 단순수익률과 환산수익률이 있는데 실제 수익률은 환산수익률임을 명심하고, 목표수익률 관리는 환산수익률로 하여야 한다.

목표수익률을 1년에 3%의 수익을 내려고 한다면, 1년은 3%, 2년은 6%, 3년은 9%의 수익을 내야 한다. 만약에 10년을 투자했는데 총 수익률이 10%라면 그것은 1년에 연 1%의 수익을 냈다는 뜻이고, 그렇다면 정기예금 수익률만도 못한 것이다.

10년을 투자했는데 총 수익률이 10%라고 하는 것은 환산수익률은 1%이고 단순수익률은 10%라는 뜻이다.


마지막으로 리스크에 대한 이야기를 해보면, 첫째, 시장전체 리스크다. 시장전체 리스크란 세계 시장, 국가별, 지역별 리스크가 있다. 북핵리스크, 외환위기, 영국의 EU탈퇴 등 우리나라를 포함한 전 세계의 돌발적 원인들로 주식시장 전체가 흔들린다.

이를 피할 수 있는 방법이 있을까? 사실 단기 투자로는 피하기 어렵다. 국가별 지역별 리스크는 투자국가 외 다른 나라의 주식이나

은행을 활용하여
부자되는 습관

통화에 분산 투자한다면 그들이 갖고 있는 고유 위험들을 일부 회피할 수 있다.

두 번째로는 개별종목 고유 리스크이다. 기업 개개의 요인으로 인한 리스크이며, 경영진 능력과 기업의 내용 및 기업이 속해 있는 산업 변동성 등 복잡한 변수들이 많기 때문에 100% 피하기는 어려우나 이 또한 산업별 업종별 기업 '분산투자'로 일부 회피할 수 있다.

결론은 분산 투자로 리스크를 어느 정도 회피할 수 있으며, 단, 분산투자가 과하면 오히려 수익을 내기 힘들 수 있다는 점도 기억하자.

투자도 선택과 집중이 필요하다.

# 펀드
## 쉽게 알아보는 법

음식에 따라 들어가는 재료가 다르다. 횟집, 비빔밥집, 국숫집. 이름만 들어도 그곳에서는 무엇을 팔며 그 음식엔 무엇이 들어갔는지를 대략 알 수 있다.

펀드도 그럴까? 맞다. 그렇다.
이름만 들어도 어디에 투자하고 어느 회사에서 만들었고 수수료는 어떻게 떼어 가는지 알 수 있다. 이제 한번 알아볼까?

다음과 같이 5개의 펀드가 있다. 정말 이름만 들어도 알 수 있는지 살펴보자.

❶ 미래에셋 배당 프리미엄 증권자투자신탁 [주식혼합] Class C
❷ 한국투자 베트남 그로스 증권자투자신탁 [주식] Class A
❸ NH-Amundi Allset 국채 10년 인덱스 증권자투자신탁 [채권] Class C
❹ 한화 Japan REITs 부동산 투자신탁 C
❺ 이스트스프링골드리치 특별자산 투자신탁 [금-파생형] Class C-e

차이를 알겠는가?

찬찬히 살펴보자.

### … ❶ 미래에셋 배당 프리미엄 증권자투자신탁 [주식혼합] Class C

미래에셋은 펀드를 만들고 운용하는 회사 이름이다. '미래에셋자산운용사'가 만들었다. '미래에셋 증권'이 아니다. 증권회사와 자산운용사는 개념이 다르다. 자산운용사는 펀드를 만드는 일종의 제조회사이고, 증권사나 은행 등은 펀드를 판매하는 회사이다. 예를 들어 GUCCI 핸드백이 있다고 가정 시 GUCCI 사는 핸드백을 만드는 회사이고, 백화점은 핸드백을 판매하는 회사이듯 펀드의 자산운용사와 판매회사도 같은 개념이다.

배당은 비교적 배당을 많이 하는 회사에 투자한다는 뜻이다.

프리미엄은 펀드를 구분하고자 하는 중간이름이다.

[주식혼합]이란 주식과 채권을 함께 혼합하여 투자한다는 뜻이다.

Class C는 펀드를 운용 및 판매 시 발생하는 비용을 부담하는 방법이다. 이 내용은 다음 장 'Class가 뭘까?'에서 자세히 설명하겠다.

… ❷ 한국투자 베트남 그로스 증권자투자신탁 [주식] ClassA

한국투자는 펀드를 만들고 운용하는 회사 이름인 '한국투자자산운용'이다. 베트남은 베트남에 투자한다는 뜻이고 그로스는 펀드의 중간이름이며 [주식]은 위와 같은 내용이다.

… ❸ NH-Amundi Allset 국채 10년 인덱스 증권자투자신탁
　　　[채권] Class C

NH-Amundi는 펀드를 만들고 운용하는 회사이름인 'NH-Amundi 자산운용'이다. Allset은 펀드 중간이름이다.

국채 10년 인덱스란 국가에서 발행하는 채권, 즉 국채의 만기가 10년인 채권의 지수에 투자한다는 뜻이다.

… ❹ 한화 Japan REITs 부동산 투자신탁 Class C

한화는 펀드를 만들고 운용하는 회사 이름으로 '한화운용자산'이 만들었다. Japen Reits 부동산은 일본에 상장되어 있는 REITs(Real Estate Investment Trusts) 자산에 투자신탁 재산의 대부분을 투자하는 부동산투자신탁으로서 배당이익과 부동산가치 상승에서 나오는 자본이익의 취득을 목적으로 한다는 내용이다.

### ··· ❺ 이스트스프링 골드 리치 특별자산 투자신탁 [금-파생형] Class C-e

이스트스프링은 펀드를 만들고 운용하는 회사 이름으로 '이스트스프링자산운용'사가 만들었다.

골드는 금과 관련된 펀드란 뜻이고, 리치란 펀드 중간이름이며 국제시장에서 금 현물 거래 시 기준가격으로 사용되는 London Gold PM Fix Price(USD)의 성과를 추종하는 장외파생상품을 주된 투자대상자산으로 하여 수익을 추구하는 것을 목적으로 한다. 수익자는 해외시장에서 거래되는 금 현물에 직접 투자하는 위험과 유사한 위험을 부담할 수 있으며 금 현물가격은 전 세계의 다양한 경제변수에 연동되어 수익이 변동되는 위험이 존재하다.

펀드의 운용대상은 한계가 없다. 투자하여 수익을 내고자 한다면 무엇이든 가능하단 얘기다.

현재 운용대상에 따라 주식형, 채권형, MMF, 부동산, 선박, 골드 등으로 크게 나눌 수 있고 또한 일반펀드, 변액유니버셜, 변액연금보험 등으로도 나눌 수도 있다. 펀드마다 자체의 성격, 세제혜택, 보험·연금기능, 수수료 면에서 큰 차이가 있다.

# 펀드 종류별 특징

○ **주식형 펀드**

현물 주식에 60% 이상 투자하는 펀드이다. 주식형펀드의 분류는 투자전략에 따라 인덱스와 액티브펀드로 나뉜다.

먼저 인덱스펀드를 살펴보자. 우리나라에서 사용하는 지수 (INDEX)는 종합주가지수와 KOSPI 200지수가 대표적이다. 종합주가지수는 코스피지수라고도 하는데 유가증권시장에 상장된 전 종목을 대상으로 만든 우리나라 대표적 주가지수이며 1980.1.4. 기준시점으로 이날을 100으로 정하고 이를 기준으로 매일의 주가지수가 산출된다. 2017.12.28. 종합주가지수는 2,467.49로 마감되었다. 그러나 모든 종목을 대상으로 하기 때문에 종합주가지수 주식시장에 영향력이 큰 종목과 그렇지 못한 종목을 구별하기 어려운 단점을 보완하기 위해 등장한 것이 KOSPI 200지수이다. 이는 시가총액 상위 200개 종목으로 구성된 지수이다.

각 국마다 지수가 존재하는데 미국의 경우 미국증시 시가총액 상위 500개 종목으로 구성된 S&P 500, 일본의 경우 도쿄증권거래소에 거래되는 225개의 우량종목을 가지고 산출한 니케이 225가 있다. 여기서 KOSPI 200, S&P 500, 니케이225의 숫자 200, 500, 225는 산출하는 주가 종목의 개수를 의미한다. 그 외 미국의 다우지수, 유럽의 유로스톡스 등 각 나라별, 지역별 특정 주식지수가 존재하며 이러한 주식지수는 그 나라 및 지역의 경제, 경기 전반의 지표가 된다.

인덱스펀드란 바로 이런 INDEX, 즉 지수에 투자하는 펀드를 말한다. 인덱스펀드는 시장수익률을 추종하도록 설계되어 펀드매니저의 역할이 크지 않다. KOSPI 200지수를 추종한다고 하면 KOSPI 200에 포함된 주식만 정해진 방식에 따라 투자하는 수동적 방식이기 때문에 펀드매니저의 역할을 강조하는 다른 펀드에 비해 수수료가 싼 편이다. 가장 단순한 방법을 구사해 저렴한 좋은 결과를 얻을 수 있는 게 바로 인덱스펀드의 매력이다.

반대로 액티브펀드란 펀드매니저가 사고파는 종목을 결정하므로 투자가 어떻게 운용되는지를 가늠하기 힘들다. 펀드매니저의 손길이 많이 미치므로 인건비 등 비용이 인덱스펀드보다 많이 들 수밖에 없는 관계로 수수료가 비싸다. 그러나 순발력을 요하는 시장 상황 즉,

급변하는 시장 상황이 되었을 때는 상대적으로 수익률 차이가 발생할 수 있다.

둘째, 펀드의 추가입금 가능 여부에 따라 투자자금을 계속하여 추가적으로 납입을 할 수 있는 추가형과 추가로 납입을 할 수 없는 단위형으로 구분된다.

셋째, 펀드에 투자한 뒤 중간에 환매 즉, 인출을 할 수 있느냐 없느냐에 따라 환매를 할 수 있는 개방형펀드와 신탁기간 중에 환매를 할 수 없는 폐쇄형 펀드가 있다.

넷째, 기업의 크기에 따라 대형주, 중소형주로 나뉜다.

다섯째, 투자스타일에 따라 가치주, 성장주, 배당주로 나뉘며 가치주란 지금보다 앞으로 가치를 발휘할 수 있는 기업, 즉 실적이나 자산에 비해 기업가치가 상대적으로 저평가된 기업의 주식을 말하고, 성장주란 재무구조가 양호하고 동일업계에서 시장 점유율이 우월하며 수익 신장율이 높은 기업의 주식이며, 배당주란 비교적 배당을 많이 하는 기업의 주식을 말하며.

여섯째, 투자지역에 따라 국내주식, 해외주식으로 분류된다.

## ○ 채권형 펀드

채권형 펀드일 경우엔 주식에는 운용하지 않고 채권, CP(기업어음) 같은 확정금리 상품에 운용하게 되며, 국가가 발행하는 채권이면 국공채, 회사가 발행하는 채권이면 회사채라 불린다.

채권형 펀드는 투자대상 채권의 잔존만기(채권의 남아 있는 만기일)와 신용등급이 중요하다. 잔존만기가 중요한 이유는 만기가 1개월 남은 것과 10년 남은 채권이 있다고 가정 시 기업부도 가능성을 예측할 때 1개월 뒤쯤 부도가 날지 안 날지는 예측하기 쉽지만 10년 뒤 기업의 상황을 예측하기는 쉽지 않기 때문이다. 즉 만기가 짧은 채권은 그만큼 위험대비가 가능해 투자 여부 가늠하기가 수월해진다. 단, 만기가 짧은 채권은 수익이 비교적 적고, 만기가 긴 채권일수록 수익은 커진다.

비교적 주식형펀드보다는 원금 손실 위험이 덜하다고는 하나 채권을 발행한 주체인 회사나 국가가 부도가 날 경우나 혹은 금리가 급격히 오르게 되면 원금 손실 위험이 도사리고 있다. 그런데 회사나 국가가 부도가 난다면 원금손실이 될 수 있다는 것은 이해가 되지만 채권 금리가 급격히 오르면 왜 손실이 날까?

채권은 기업에서 자금이 필요할 때 발행한다. 발행을 하려면 채권의 장당 금액과 몇 년 뒤에 상환을 하겠는지, 몇 %의 이자를 줄 수 있는지 정하게 되어 있다. 그래야만 투자자가 이 정도의 투자처에 이 정도의 수익률이면 돈을 떼이지 않고 투자해도 되겠는지를 결정할 수 있기 때문이다.

그런데 처음 10년 만기인 채권을 구입한 사람이 있다고 가정하자. 이 사람이 만기까지 구입한 채권을 가지고 간다면 처음 정한 수익금을 받고 자금을 회수하면 되겠지만, 중간에 돈이 필요하게 되면 이 채권이 제2, 제3의 사람에게 넘겨지는 일종의 유통이 일어나게 된다.

이때 채권을 발행할 당시에는 금리가 10%였는데 돈이 필요하여 다른 사람에게 넘기려 할 때는 시중에 금리가 올라 20%대의 시장금리가 형성되었다면 과연 10% 이율에 채권을 구입했다고 하여 10% 이율에 채권을 넘길 수 있겠는가?

예를 들어 액면가 10,000원, 만기 10년, 이율 총 10%(연 1%)의 채권에 투자한다면 이자가 10년간 1,000원이 되는지라 9,000원만 주고 구입하고 10년 뒤 채권 만기가 되면 10,000원을 받게 된다. 1,000원을 버는 셈이다.

그런데 5년 뒤 돈이 필요하여 팔려고 했더니 금리가 연 2%대가 되었다. 채권 발행 당시 기준으로 계산한다면 만기가 반이 남았으니 500원만 계산해서 9,500원을 받고 팔면 되는데 금리가 연 2%로 바뀌었으니 계산이 달라진다. 10,000원을 연 2%로 채권의 남은 기간 5년을 투자한다면 이자가 1,000원이 되어 즉 9,000원만 받고 채권을 팔아야 하는데 결론적으로 500원 손해를 보게 되는 셈이다.

그래서 채권을 보유하고 있는 기간 동안 유통이 일어난다면 내가 투자했던 돈보다 더 적은 돈을 받을 수도 더 큰돈을 받을 수도 있다.

○ 부동산펀드, 선박펀드 등

부동산펀드와 선박펀드 등 실물자산에 연계하여 투자하는 펀드이다. 실물자산이란 부동산, 선박, 금 등의 자산을 말한다.

부동산펀드는 부동산이나 부동산 관련 대출채권 등에 투자하는 부동산 간접투자 상품이다. 아파트 건설에 들어가는 자금을 빌려주고 이자를 받거나 건물을 사서 임대수익을 받기도 한다. 때문에 상품 판매 시점에 어느 정도 투자수익을 예측할 수 있다.

선박펀드는 배에 투자하는 펀드이다. 배를 건조하거나 아니면 배를 사서 해운회사 등에 빌려주고 용선료(배를 사용하는 비용) 등 수익을 배당형태로 되돌려 받는 펀드이다. 투자대상도 일반 컨테이너선, 벌크선, 중고선박 등 다양하다.


○ 해외펀드

해외펀드란 외국주식이나 채권 등에 투자하는 펀드이다.

가장 큰 문제는 환율위험에 노출되는 것인데 환율위험을 막기 위해서는 환헤지를 하면 된다. 환헤지 계약은 보통 1년 단위로 이루어지고, 1년이 지나면 별도로 연장해야 하는 불편함이 있다. 노후준비를 위한 장기적 투자목표가 있다면 환헤지를 하지 않는 것도 투자의 한 방법이다.

해외펀드는 크게 3가지 역외펀드(Off share), 해외투자펀드, 해외펀드투자펀드(해외펀드 오브 펀드)로 나눌 수 있다.

첫째, 역외펀드란 해외자산운용사(피델리티, 템플턴, 메릴린치 등)가 외국에서 전 세계인의 투자자금으로 전 세계에 투자하는 펀드이다. 둘째, 해외투자펀드란 국내 자산운용사가 해외 주식 등에 투자해 운용하는 펀드이고 셋째, 해외펀드투자펀드(해외펀드 오브 펀드)란 여러 해외펀드에 나누어 투자하는 펀드이다.

해외투자방법으로 크게 국가형, 섹터형, 글로벌형, 지역형으로 나뉘는데 국가형은 주식이나 채권을 특정국가(중국, 인도, 미국, 일본 등)에 투자하는 것이고 섹터형은 금융업이나 원자재 등 특정업종(소비제, 헬스케어, 원자재 등)에 투자하는 것이며 글로벌형은 전 세계시장에 분산투자하는 것이다. 마지막으로 지역형은 특정지역(아시아, 중남미, 동유럽, 브릭스 등)에 투자하는 형태로 나뉜다.

참고로 글로벌형과 지역형인 중남미, 동유럽, 브릭스펀드 등 일 경우에는 한 펀드에 너무 많은 나라가 편입되어 있어 투자시기와 환매시기를 고르기가 여간 어려운 일이 아니다. 나라마다 주가 변동률이 다르고 여기에 환율까지 수익에 영향을 미치므로 고려해야 할 항목이 한두 가지가 아니니 어렵다는 얘기다. 이런 부분도 감안하여 펀드를 골라야 한다. 본인의 투자 전략에 따라 펀드의 유형 및 조건을 선택하여 투자하길 바란다.

# 펀드에는
# 수수료가 있다

같은 값이면 수수료가 낮은 펀드를 골라야 한다. 수수료가 비싸다고 더 좋은 펀드는 아니다.

펀드 관련 수수료는 운용수수료, 판매수수료, 대행수수료, 보관수수료 등이 있다. 투자자들 입장에서 일종의 비용이며 크게 수수료와 보수로 나뉜다.

선취판매수수료는 판매회사(은행, 증권회사 등)에 투자와 관련된 정보제공 결재서비스 등의 대가로 펀드 가입 시 먼저 낸다.

후취수수료는 판매회사(은행, 증권회사 등)에 투자와 관련된 정보제공 결재 서비스를 대가로 돈을 찾을 때 낸다.

환매수수료는 환매란 펀드 인출을 의미하며 해지를 의미할 수도 있으나, 펀드의 일부 금액 인출도 해당한다. 환매수수료란 이렇게 약정기간 전에 돈을 찾을 경우 내는 벌칙성 수수료이다. 은행의 정기예금 만기 전 돈을 찾을 때 약정이율이 아닌 중도해지 이율을 적용하는 이치라고 생각하면 된다. 또한 환매수수료는 펀드마다 있는 것도 있고 없는 것도 있으며, 약정기간(입금일로부터 90일, 혹은 30일 등) 이내 환매 시 발생할 수 있다. 원금에서 차감되는 것은 아니고 수익이 있을 경우 수익에서 일부 금액을 환수해 간다. 예를 들어 수익이 10만 원이 발생하였는데 환매수수료 발생 시기에 펀드 인출신청이 되었다면, 환매수수료 부과비율이 30%일 경우 3만 원을 공제하고 7만 원만 수익을 볼 수 있다. 여기서 공제한 3만 원은 운용되고 있는 펀드에 귀속되므로 펀드에 남아있는 장기투자를 하는 사람들에게 이익이 돌아가게 된다. 환매수수료는 펀드의 안정성을 도모하고자 함이며 너무 자주 펀드를 들락거리는 투자자들로 인한 펀드의 지속적이고 안정적인 운영에 방해가 되는 것을 막기 위함이다.

대행수수료는 판매회사가 판매가 끝난 뒤에도 펀드를 보관, 관리해 주는 대가로 받는 수수료이다. 판매수수료에 포함시켜 한꺼번에 징수하는 경우도 있다.

보관수수료는 펀드가 투자하고 있는 주식이나 채권, 현금 등 펀드의 자산을 보관, 관리해주는 대가로 보관은행이 받는 수수료이다. 펀드를 운용하는 회사가 투자하고 있는 주식, 채권, 현금 등을 보관하지 않고 별도의 보관은행을 두는 이유는 운용사가 보관을 겸할 시 보관하던 주식, 채권 등 실물을 처분하여 투자자가 손해를 보는 경우를 대비하기 위한 안전장치로 별도의 금융기관에 보관을 하고 있다.

보수에는 펀드를 운용하는 운용회사에 지급하는 운용회사보수, 판매관리를 하는 판매회사 보수, 그리고 주식 등 유가증권을 보관하고 있는 수탁회사보수가 있다.

# Class가 뭘까?

펀드 이름 맨 끝에는 Class가 있다. 무슨 뜻일까?

펀드에 가입하면 떼이는 수수료의 유형으로는 A, Ae, C, Ce 등으로 분류되는데 e자가 붙으면 인터넷으로 가입이 가능하고 일반적으로 은행창구에서 가입하는 펀드보다 수수료가 저렴할 수 있다. A자가 붙으면 선취수수료가 발생한다. 선취수수료란 펀드입금 시 입금과 동시에 원금에서 떼이는 수수료이다. 보통 1% 내외가 떼이는데 1백만 원을 납입하면 1만 원이 빠진 99만 원이 입금된다. 그 외에도 보수가 발생한다. 보수는 맡긴 기간에 따라 차등하여 가져가는데 C유형의 경우 먼저 떼어가는 선취수수료는 없으나 보수 등 수수료가 후취, 즉 펀드운용기간에 따라 차등하여 나중에 가져간다. 3년 이상 장기투자라면 선취수수료가 있는 A형이 더 좋을 수 있으나 3년 이상의 투자계획이 아니라면 C유형이 수수료 면에서 더 이득일 수 있다.

# 매입과
# 환매(인출)방법

　당일 17시 이전, 14시 이전, 익영업일(다음 영업일)기준가, 3영업일 기준가, 4영업일 기준가 적용 및 7영업일 매입과 환매라는 말이 등장한다.

　여기서 영업일이란 은행에서 문을 여는 날을 의미하며 은행에서 문을 열지 않는 날은 제외한다. 예를 들어 2017.10.14. 금요일의 익영업일은 2017.10.17. 월요일이 된다. 2017.10.14.일의 다음 날인 15일과는 다른 개념이다. 휴일인 토, 일요일, 공휴일은 포함되지 않는 개념이다.

　매입일이 17시 이전 익영업일 기준가 적용이란 오늘 17시까지 펀드에 돈을 입금하면 다음 영업일 정해지는 기준가를 적용하게 되고, 17시 이후 입금을 하게 되면 익익영업일(다음 다음 영업일)기준가를 적용하게 된다는 뜻이다.

　국내펀드일 경우 보통 익영업일 기준가라고 하면 오늘 주식시장 마감가격이 된다. 그러므로 인덱스펀드의 경우 주가가 오늘 많이 내

렸다면 오늘 15시 30분 이전에 펀드 입금을 하여 수익의 기회를 엿보는 투자가들도 많이 있다.

그리고 환매의 경우 3영업일 기준가 적용, 7영업일 후 환매라는 뜻은 오늘 이후 3영업일 주가나 채권의 기준가격을 적용하고 7일의 영업일에 해당하는 날 돈을 내주겠다는 뜻이다.

은행을 활용하여
부자되는 습관

# 펀드,
## 이것만은 알고 가자

적립식펀드(적금 넣듯 납입)와 임의식펀드(목돈 납입)의 차이는 없다. 내가 어떻게 사용하느냐에 따라 달라질 뿐이다. 단, 개방형이냐 폐쇄형이냐에 따라 추가 납입 및 인출이 제한된다.

적립식펀드는 적립식으로 납입하고 일부 환매도 가능하니 돈이 필요할 때 전체를 해지하는 오류는 범하지 말자. 혹 적립식이라 일부 해지가 안된다고 금융기관 직원이 말을 하면 임의식으로 전환해서 일부를 인출하면 되고 임의식으로 전환 후에도 자동이체 및 자유적립이 가능하다.

증권회사에서 가입하는 것이 더 좋을까?

아니다. 본인이 거래하기 편리한 금융기관에서 가입하면 된다. 명품 구찌를 만드는 회사는 한 곳이지만, 판매를 하는 곳은 면세점,

백화점 등 전 세계 어디서나 구입을 해도 똑같은 제품을 구입하는 것과 같은 맥락이다.

펀드운용사는 펀드를 운용하여 수익을 내기 위한 곳 즉 상품을 만들고 가공하는 공장과 같은 곳이며, 은행은 이 펀드를 가져다 파는 일종의 백화점이나 슈퍼마켓 같은 곳이다.

펀드수익률을 결정하는 곳은 운용회사다. 펀드 안내장을 보면 운용사와 판매사가 명확히 표시되어 있다. 결론적으로 펀드를 가입하는 판매회사는 종합적으로 금융서비스를 받을 수 있는 주 거래 금융기관에 가입하는 것이 좋다. 이유는 편리하고 거래실적에 포함되어 거래 금융기관으로부터 다양한 혜택을 받는 데 일조를 하기 때문이다.

또한, 주거래 금융기관 내에서도 나를 위해 일해줄 친한 직원을 만드는 것이 좋다. 왜냐하면 갑작스러운 상담에 응해 줄 수 있으며 나에게 유용한 상품을 양심껏 추천해 줄 수 있는 사람이 필요하기 때문이다.

펀드 투자 후 현금 필요시 필요한 금액만 분할 환매(인출)를 하거나 펀드담보대출을 활용하면 된다. 펀드담보대출의 경우 금융기관마다 차이는 있지만 보통 평가액의 60% 정도 해준다. 납입 금액이 아니라 평가액이다.

1천만 원을 펀드에 가입했는데 원금손실이 발생하여 7백만 원이 되었다면 현재 평가액인 7백만 원의 60%인 4백2십만 원이 담보대출

가능금액이 된다.

펀드에 투자했다가 부당한 피해를 입었거나 분쟁 발생 시에는 금융감독원의 소비자보호국이나 소비자보호원, 자산운용협회에 문의하면 된다. 그래도 해결이 안 되면 법적절차를 밟아야 한다. 펀드투자에 대해 좀 더 알고 싶다면 자산운용협회 홈페이지나, 한국 펀드평가, 제로인 등 펀드 평가 회사들의 홈페이지를 이용하면 된다.

05

보험

부자가
되기 위해
지금무엇을
하는가
?

# 보험을 파악하라!

　재무설계 요청을 가끔 받는다. 어떨 땐 무척 놀라는 경우가 있다. 여러 건의 보험을 넣으면서 무슨 보험에 가입했는지 어떤 보상을 받는지 보험설계서는 어디에 있는지, 잘 모르는 사람들이 있기 때문이다.

　보통 병원에 자주 가시는 분들은 보험에서 보상받는 내용들을 잘 알고 있으나 보통의 사람들은 무관심하거나 너무 복잡하여 알기를 포기하는 경우가 많다. 그러다 보니 사고나 질병으로 보험이 필요할 때가 되어야 뒤늦게 보험금을 받을 수는 있는지, 얼마나 받을 수 있을지를 급하게 찾아본다. 그때는 보통 보험에 대해 많은 실망을 하는 경우들을 보았다.

　일단 가장 중요한 것은 현재 가입하고 있는 보험을 점검하는 것이다. 자동이체 내역을 보고 보험납입 상황을 파악하고 납입이 완료된 보험은 없는지도 알아봐야 한다.

보험을 점검하는 방법은 3가지 유형 즉, 보장성보험, 저축성보험, 연금으로 보험현황표를 작성하는 것이 시작이다.

보장성보험이란 사고나 질병으로부터 보장을 받기 위한 보험이고, 저축성보험은 은행의 적금이나 예금과 같은 성향을 가진 보험을 말한다.

다음의 보험현황표를 참고하여 보험을 점검해 보자.

○ **보험현황표**

보장성보험

| 구분 | 보험명 | 보장내용 | 보장 기간 | 납입기간 (몇세·몇년까지) | 수령 가능 금액 |
|------|--------|----------|-----------|------------------------|----------------|
| 본인 | | | | | |
| 배우자 | | | | | |
| 자녀1 | | | | | |
| 자녀2 | | | | | |

은행을 활용하여 부자되는 습관

저축성보험

| 구분 | 보험명 | 납입기간<br>(몇세,몇년까지) | 만기 | 특약 | 수령가능금액 |
|---|---|---|---|---|---|
| 본인 | | | | | |
| 배우자 | | | | | |
| 자녀1 | | | | | |
| 자녀2 | | | | | |

연금

| 구분 | 보험명 | 납입기간<br>(몇세,몇년까지) | 연금<br>개시 시기 | 연금<br>지급 예상액 | 특약 |
|---|---|---|---|---|---|
| 본인 | | | | | |
| 배우자 | | | | | |
| 자녀1 | | | | | |
| 자녀2 | | | | | |

보험현황을 작성해 보니 어떠한가? 파악이 되는가?

정리가 보험관리의 80%이다.

정리를 해보면 어느 한 사람에게 가입이 치우친 것은 아닌지, 우리 집안은 뼈가 튼튼한 집안인데 골절에 필요한 특약이 너무 많지는 않은지, 암보험에 치중되지는 않았는지, 뇌졸중, 뇌혈관질환에 대한 보장이 너무 적지는 않은지, 보험기간이 80세도 위험한데 혹시 60세 까지인 것은 없는지 등등의 파악이 된다.

은행의 적금이나 정기예금 같은 저축성보험의 경우는 납입은 끝났는데 만기는 얼마를 더 기다려야 목돈을 찾을 수 있는지, 만기가 지난 보험은 없는지를 파악하여야 한다.

연금은 몇 세부터 나오도록 설계되어 있는지, 나오는 금액은 적절한지, 혹 부족하지 않은지, 배우자 것만 연금을 가입한 것은 아닌지, 내 연금은 얼마인지, 연금지급방법은 매월마다인지 혹은 3개월마다인지, 내가 살아있는 동안 종신으로 나오는지, 아니면 10년만 나오는 것인지를 파악해야 한다.

이 같은 내용들을 기반으로 보험은 해마다 점검해야 한다. 부족한 부분을 메우고 불필요한 부분은 줄여야 한다.

그러려면 점검하고 재설계하여 작성된 보험현황표를 가장 사용을 많이 하는 수첩 첫 장에 붙여서 1년에 한 번은 꼭 볼 수 있도록 하자.

은행을 활용하여
부자되는 습관

# 보험종류별
## 특징

    보험 상품 종류에는 크게 생명보험과 손해보험으로 분류된다. 또한, 보험계약의 조립 형태에 의한 분류는 주보험과 특약으로 구분된다. 주보험은 특약의 부가여부와 관계없이 독립적으로 가입할 수 있는 보험이며 특약은 주보험에 부가하여 보장을 추가하거나 가입하지 않을 수 있도록 보험계약자의 편의를 도모하기 위해 만들어졌다.

    예정이율의 적용방법에 따라 금리확정형보험, 금리연동형보험, 변액보험으로 나뉜다. 금리확정형보험은 확정금리로, 금리연동형보험은 보통 매월 공시되는 예정이율을 적용하여 보험금이 결정된다.

    변액보험은 말 그대로 금액이 변한다는 뜻이며, 금액이 변한다는 것은 보험금이 투자상품으로 운용되어 수익이 높거나 낮을 수도 있고 원금손실이 발생할 수도 있다는 뜻이다.

    보험금액 결정방법에 따라 정액보험과 실손보상보험으로 나뉘는데 예를 들어 암 진단 시 정액 5천만 원의 보험금이 나오는 정액보험에 5군데 가입했다고 가정하자. 암 진단을 받았다면 암 치료비로 1천만 원이 들었더라도 암 치료비와 관계없이 보험을 가입한 각자의 보험사에서 5천만 원씩 5곳 총 2억 5천만 원을 받을 수도 있는 반면, 실손보상보험은 아무리 많은 곳에 큰 금액을 가입했더라도 모두 합하여 1천만 원만 받을 수 있다.

실손보험을 가입했더라도 해외여행 중 아프거나 다쳐서 해당국(해외)병원 치료를 받았다면 보상되지 않는다. 이럴 때는 해외실손의료비 보장이 포함된 해외보험에 가입해야 한다.

또한, 부동산 등을 많이 보유하고 있는 고액 자산가는 상속세로 인한 문제를 최소화하기 위해 종신보험을 활용할 수 있다. 부모가 종신보험에 가입한 뒤 사망하게 되면 부동산을 상속받는 배우자나 자녀가 보험금을 받게 되는 데 상속세가 많을 경우 이때 받은 종신보험금으로 상속세를 내면 된다. 건물을 팔거나 건물 담보대출을 받아 상속세를 내야 하는 일을 피할 수 있다.

그러나 보험금도 상속재산에 포함되므로 보험금을 상속재산에 포함시키지 않으려면 종신보험을 상속자인 자녀나 배우자가 계약자와 수익자로 하고 피보험자를 상속인 즉 부모나 배우자로 하여 가입하는 방법이 있다. 이렇게 하면 상속세에 보험금이 포함되지 않아 상속세 납부재원으로 '일석이조(一石二鳥)' 효과를 누릴 수 있는 것이다. 단, 매월 납입하는 보험료가 상속세 절감을 위해 계약자의 소득을 넘어서는 안 된다. 계약자인 자녀의 월 소득이 100만 원인데, 월 150

만 원짜리 종신보험을, 피보험자를 부모 명의로 가입하면 안 된다는 뜻이다. 세무당국은 종신보험을 탈세수단으로 악용되는 것을 막기 위해 세법에 관련 조항을 두고 있다.

갱신형 보험은 향후 인상 가능성을 염두에 둬야 한다. 또한 대부분의 보험회사에서 갱신형보험은 '자동갱신'이라는 용어를 사용하지만, 약관상 거절사유 해당 시 보험사가 갱신을 거절할 수 있어 계약이 갱신되지 않을 가능성이 있다.

부동산을 소유하고 있다면 화재보험 가입은 필수적이다. 살고 있는 아파트나 투자부동산에 대한 화재보험은 꼭 가입하여 재산들을 늘리기 위해 공들인 노고와 시간들이 순간의 사고들로 헛되이 되지 않기를 바란다.

만약 보험계약을 잘못했다고 생각한다면 15일 이내 보험청약 철회도 가능한데, 납입보험료 모두를 돌려받을 수 있다.

# 보험은
# 비용이다

위험대비 없는 자산관리는 있을 수 없다.

보험이란 현재의 모습을 지키기 위한 수단이고, 역으로 연금이란 노후 대비를 위한 수단이다. 보험은 가장 중요한 나와 가족, 부동산 등 현재의 행복을 지키는 안전장치 마련을 위하여 가입을 한다. 보험료는 대부분 돌려받지 못하거나 돌려받는다 해도 100%가 아니다. 못 받는 부분은 사라지는 비용이 된다.

나의 몸에 병이 생겼을 때 건강한 지금의 몸으로 되돌리기 위해 생명보험을 가입하고, 내가 부양하는 가족들이 내가 살아 있는 지금처럼 살아갈 수 있도록 또는 상속세를 내지 못해 상속재산을 처분하거나 대출받는 일을 막기 위하여 종신보험에 가입하며, 열심히 벌어 구입한 재산들이 화재 또는 지진이 발생하여 손해를 입어도 현재의 모습으로 되돌릴 수 있는 돈을 마련하기 위해 화재, 지진보험을 든다.

또한, 일상생활 도중 우연히 남에게 피해를 입혀 보상 문제로 현재의 삶이 망가질 것을 대비하기 위해 배상책임 보험을 가입하기도 한다. 이렇게 보험의 원리를 정확히 파악한다면 보험에 접근하는 방법이 보다 현명해지게 된다.

하지만 위험대비에 있어 보험만이 답은 아니며 과도한 보험가입은 목적자금을 만드는 데 방해 요인이 될 수 있다. 감내할 수 있는 위험은 보험가입을 하지 않고 오히려 감수하는 것도 지혜. 예를 들어 뼈가 튼튼한 집안이라면 잘 발생하지 않는 골절에 대한 특약을 가입하지 않고 감수하는 것이다.

위험자체를 회피하는 방법도 있다. 예를 들어 보자면 운전으로 인한 예기치 못하는 사고를 대비하여 할 수 있는 조치는

❶ 운전자보험을 가입하는 방법
❷ 가급적 운전을 하지 않고 확률을 줄이는 방법
❸ 아예 운전을 하지 않고 회피하는 방법

잔병치레가 적은 건강한 내력의 집안이라면 상대적으로 보험료가 비싼 실손 보험 비중을 줄인다든지, 가입하지 않는 방법도 있다. 이처럼 보험을 가입해야 할 이유와 가입규모, 금액 등을 나에게 알맞게 구입하고, 무작정 가입으로 과도한 현재 지키기를 위해 불확실한 미래가 되어서는 안 된다.

# 보험가입 사례와

# 보험리모델링

○ **보험가입 사례**

　30대 중반 근로자와 직업을 갖지 않은 주부, 딸 하나가 있다고 가정 시 보험가입대상 우선순위는 근로자, 배우자, 자녀 순이다. 이 같은 우선순위는 사고 발생 시 경제적으로 타격을 가장 많이 받는 순서이다.

　보험은 크게 특정질병에 대해 정액으로 보상하는 생명보험과 의료비 위주로 실제 손해액을 보상하는 손해보험으로 나뉜다. 두 상품을 자신의 상황에 맞게 적절히 조합하는 것이 바람직하다.

　위의 근로자는 종신보험과 질병, 상해치료자금 위주로 설계하고 전업주부인 배우자의 경우에는 사망보장금보다는 질병이나 상해의 치료자금 위주로 설계하며, 자녀 역시 상해나 의료비 위주의 꼭 필요한 특약을 중심으로 준비한다.

종신보험금액은 상기 예시의 근로자가 사망 시 배우자의 생애 필요한 생활비와 아이의 교육비 결혼자금 등을 합한 금액으로 산정하면 된다.

만기환급형보다는 소멸형으로 가입하는 것이 보험료 절감 효과가 있으며 절감되는 보험료만큼 투자하는 것이 일반적으로 더 높은 성과를 낼 수 있다.

생애 주기별로 보면 임산부의 경우에는 태아보험에 가입하는 것이 좋다. 태아보험은 임신 16주부터 가입이 가능하며 선천성이상증상, 미숙아, 저체중아보장, 인큐베이터 비용 등 특수한 보장을 받을 수 있다. 유아기부터 고등학생까지는 교통사고, 소아암, 집단 따돌림이나 학교폭력에 의한 정신적 신체적 피해 등 보상보험도 있다.

다음으로 잘못된 보험가입 사례이다.

대표적인 것이 미혼인 사람이 종신보험에 과하게 가입하는 것이다. 종신보험은 대게 자신이 불의의 사고로 먼저 세상을 떠날 경우 남게 될 가족을 위한 위험대비용 상품이다. 따라서 경제적으로 책임져야 할 가족이 없는 미혼남녀가 종신보험에 가입하는 것은 목적에 맞지 않다. 물론 남게 될 가족의 범위에 부모나 형제자매를 포함시킨다면 이해할 수도 있다. 그러나 그렇지 않다면 요즘처럼 홀로 사는 삶들이 많은 상황에서 향후 부양가족이 생길 때 종신보험은 그에 맞게 설계하면 된다.

## 보험가입 시 꼭 챙겨야 할 사항은

첫째, 꼭 필요한가?
둘째, 몇 세까지 보장되는가?
셋째, 보험료 납입금이 내 수입에서 너무 크지 않은가?
넷째, 납입기간이 적정한가? 혹 퇴직 후에도 납입해야 하는 것은 아닌가?

참고로 보장 내용에 있어서 생명보험은 열거주의이고, 손해보험은 포괄주의이다. 생명보험에서의 열거주의는 약관에 기재되어 있는 특정 질병만 보장한다는 포지티브(Positive) 방식이고, 손해보험의 포괄주의는 약관에 기재되어 있는 것 이외에는 대부분의 질병에 대해 보장한다는 네거티브(Negative) 방식을 쓰고 있다.

### ○ 보험 리모델링

가급적 기존 상품을 해약하는 것보다는 기존상품의 토대 위에 미진한 부분을 보완하거나 불필요한 부분을 감액 또는 삭제하는 식으로 이루어져야 한다. 보험료를 내지 못할 상황이 단기간 발생한다면 보험해약환급금 일정 비율 내에서 대출을 내는 방법과 장기간 지속되는 경우라면 감액완납제도를 이용하는 것도 좋다.

감액완납제도란 현재까지 납입한 보험을 해지한다고 가정할 때의 해약환급금을 이용하여 보장금액을 줄여서 일시납으로 납입하는

은행을 활용하여
부자되는 습관

방법과 보장금액을 줄이지 않고 보장기간을 줄여서 계약을 연장하는 방법으로 활용할 만하다.

건물이 낡거나 트랜드를 따라가야 할 상황이 발생했다면 부동산의 경제효과를 높이기 위해 증축, 개축 등을 하듯, 보험도 현재의 본인 건강상태나 재무목표에 맞도록 주기적으로 점검 및 재설계를 해야 한다.

20~30대에는 상해, 질병보험과 더불어 노후자금 마련에 비중을 두어야 하고 40~50대는 치매나 장례, 상속 등에 대비할 수 있는 노후 상품을 눈여겨봐야 한다.

# 깜빡한 숨은 보험금
# 찾아보기

보험금 지급사유가 발생했음에도 찾아가지 않은 보험금이 6조가 넘고 만기 후 소멸시효가 지나버린 '휴면보험금'이 1조가 넘는다고 한다.

나에게도 보험금 챙기는 걸 잊었거나 제때 수령을 안 해 숨어 있는 보험금이 있을까? 이러한 보험이 나에게도 있는지를 쉽게 알아볼 수 있는 사이트가 있다.

금융위원회·금융감독원이 제공하는 '내 보험 찾아줌(http://cont. insure.or.kr)'에서 모든 미수령 보험금 내역 및 미청구된 중도보험금, 만기보험금, 휴면보험금을 한 번에 조회하여 볼 수 있다. 25개 생명보험사, 16개 손해보험사 등 민간 보험사의 상품만 조회되며, 우체국보험이나 조합공제 등은 대상이 아니다.

이미 보험금을 청구해 보험사가 심사를 진행 중이거나 압류 또는 지급정지 등으로 청구할 수 없는 보험금도 조회되지 않는다. 보험금 청구는 개별보험사에 하면 된다.

휴면보험금은 법적으로 보험사가 지급할 의무가 없는 돈이지만 보험사 지점을 방문해 청구하면 모두 돌려받을 수 있다.

06

연금

부자가
되기 위해
지금 무엇을
하는가

# 연금은
# 왜 필요할까?

연금과 목돈 어떻게 다를까?

나에겐 무엇이 필요할까?

결론은 목돈도 연금도 모두 다 필요하다.

나이가 들었다고 해서 목돈이 안 든다는 보장은 없다.

그러면 연금은 왜 필요할까?

첫째, 돈이 줄어드는 공포로부터 해방될 수 있다는 것이다. 돈이 줄어드는 것이 무서워서 돈을 못 쓰는 문제를 해결해준다. 매달 나오는 연금액 내에서는 충분한 자유를 누릴 수 있지 않은가?

둘째, 나이가 들어 판단력이 흐려지고 몸과 마음이 쇠약해지면 누군가에게 의지하고 싶어진다. 그럴 경우 자식이든 누군가이든 약한 마음에 쉽게 돈을 내줄 수도 있고, 요즘 사회문제가 되는 보이스피

싱을 당할 수도 있다. 지키기가 쉽지 않다는 말이다.

셋째, 갑자기 뇌졸중이나 치매라도 발병하면 돈 관리 능력이 없어진다. 치명적이다. 매월 간병비는 필요한데 가지고 있는 자산이 부동산이라면 처분도 쉽지 않고, 은행에 목돈으로 있다면 타인이 찾기도 쉽지 않다. 사망하게 되면 상속인 조회서비스를 이용하여 어느 금융기관에 예금이 있는지 파악할 수 있으나 살아있는 이상은 파악도 할 수 없다. 사용이 사실상 어렵다.

여기서 참고할 점이 있다.

평소 연금이 나오는 통장에 목돈을 입금해 놓으면 안 되고 비밀번호를 평소 사용하는 번호와 다르게 설정하여 통장이 있는 곳과 비밀번호를 배우자나 자녀에게 반드시 알려 놓아야 한다. 그래야 갑자기 문제 발생 시 간병비라도 쉽게 해결할 수 있기 때문이다.

# 연금의 종류와
# 세금과세 방식

연금은 다음 3가지 유형으로 분류할 수 있다.

❶ 공적연금은 국민, 공무원, 사학, 군인연금
❷ 사적연금은 퇴직연금, 연금저축
❸ 개인연금은 순수 개인연금으로 분류되며, 순수개인연금은 연말정산
   이나 종합소득세신고 시 세금혜택이 없는 반면 수령 시 연금소득세
   와 종합소득세가 없다.

우리나라의 순수 개인연금을 제외한 공적, 사적연금의 소득 과세
방식은 연금 납입금액을 연말정산 시 또는 종합소득신고 시 소득공
제 또는 세액공제를 받는다.

연금저축은 400만 원까지 세액공제를 받을 수 있다는 것 외에 다
양한 절세 방법들이 있다.

첫째로는 '세액공제 한도 초과 납입액 이월'이다. 쉽게 말하면 지난해 연금저축으로 세액공제 한도 400만 원보다 많은 500만 원을 넣었다면 공제받지 못한 100만 원을 올해 연말정산에 활용할 수 있다. 올해 연금저축으로 200만 원을 넣었다면 지난해 세액공제 받지 못한 돈 100만 원을 더해서 총 300만 원에 대한 세액공제를 받을 수 있다.

세액공제 이월신청을 하려면 연금저축을 가입한 금융회사에 신분증, 소득·세액공제 확인서 등을 제출하고 수정된 연금납입확인서를 받아 직장에 제출하면 된다.

또 하나 개인형 퇴직연금 IRP납입을 통해 700만 원까지 세액공제를 받을 수 있다. 연금저축을 납입하고 있다면 연금저축에서 혜택받는 세금액을 포함해 최대 700만 원까지 혜택을 볼 수 있다. 가입한 연금저축상품이 마음에 들지 않으면 다른 회사 상품으로 바꿀 수도 있다. 이것은 계약이 유지되는 것으로 보고 소득세를 부과하지 않는다. 단, 보험형에 가입한 경우는 최소 7년간 유지한 후 갈아타야 불이익이 없다.

연금에서 나오는 이자나 수익 발생단계에서도 비과세한 후 소득공제 받은 납입액과 이자나 수익을 연금수령 시점에서 연금소득으로 과세하며 세제혜택 없는 연금은 연금소득으로 과세하지 않는다.

공적연금은 원칙적으로 연금소득세를 과세한다. 그러나 2002년부터 적용하는데 결국 2002.1.1. 이후 납입한 재원으로 수령한 공적연금만 연금소득과세대상이 된다.

2001.12.31. 이전 기존 납입분에 대하여는 기존의 비과세규정이 계

은행을 활용하여
부자되는 습관

속 적용된다. 그러므로 2002.1.1. 기준 전후 납입구간 비율에 따라 연금 수령 시 비과세와 과세대상으로 세법상 구분한다.

특히 유의할 점은 2002년 이후 납입액 중 소득공제를 받지 않은 납입액이 있는 경우다. 주로 전업주부가 국민연금에 임의 가입한 경우가 해당하는데, 이때는 연금수령신청 시점에 세금을 제외되도록 해야 한다. 왜냐하면 납입 시 소득, 세액공제 혜택을 받지 않았으니 당연히 연금을 받을 때도 세금을 내지 않아야 하는 것이다.

국민연금과 공무원연금, 사학연금 같은 공적연금은 근로소득과 유사하게 공적연금관리기관에서 다음 해 1월분 연금소득을 지급할 때 연말정산을 한다. 다른 소득이 있다면 5월에 종합 합산하여 추가적 세금신고 납부를 해야 한다.

추가로 참고할 사항은 공적연금 수령 시점에 재취업 또는 재테크 등으로 사업소득, 부동산임대소득, 근로소득 등이 발생하고 월평균소득금액이 일정기준금액 초과 시 연금수급 최초 5년 동안 연금수령액이 최대 50%까지 감액될 수 있다. 이때 금융소득은 해당되지 않는다. 그러므로 절세전략은 공적연금 수령액의 정지 또는 감액제도를 활용하여 이에 해당되지 않도록 관리해야 한다.

월평균소득금액 기준은 2017년 현재 2,176,483원이며 산정기준은 연금수급 직전 3년간 국민연금 전체 가입자(사업장 및 지역가입자)의 평균소득 월액의 평균값이다.

# 국민연금

대한민국에 거주하는 소득이 있는 사람은 누구나 가입을 하고 있고, 소득이 없다 하더라도 임의가입을 하여 국민연금수령을 할 수 있다.

대상으로는 의무가입 대상인 당연가입자와 본인의 의사에 따라 할 수도 있고 안 할 수도 있는 임의가입자가 있다.

임의가입자의 보험료는 참고로

중위수 소득월액의 보험료인 89,550원을 최저로 하여 그 이상 높게 신청할 수도 있다. 2017.4월부터 중위수 소득월액은 995,000원, 보험료는 89,550원이다.

수급요건은 60세까지 납부하여 120개월이 되어 있으면 수령 가능하다. 만일 55세인 자가 국민연금을 수령하기 위해 가입한다면 10년을 채워야 하고 65세부터 연금수령이 가능하다.

국민연금은 납부기간이 10년 이상일 때, 만 61세부터 수령 가능한데 1957년생부터 태어난 연도별로 아래의 표와 같이 수급개시연령이 늦추어 지고 있다. 단, 소득이 없을 시 지급개시연령 5년 전부터 조기노령연금수령이 가능하다. 조기노령연금 수령 시에는 연금액이 연 6%씩 감액되어 수령하게 되는데 5년 당겨 받으면 총 약 30%를 적게 받는 셈이다.

국민연금 및 조기노령연금 수급개시 연령

| 구분 | 노령연금, 분할연금, 반환일시금 등 | 조기노령연금 |
|---|---|---|
| 57~60년생 | 62세부터 | 57세부터 |
| 61~64년생 | 63세부터 | 58세부터 |
| 65~68년생 | 64세부터 | 59세부터 |
| 69년생 이후 | 65세부터 | 60세부터 |

그렇다면 조기노령연금 수령이 이득일까?

예를 들어보자. 1년 앞당기면 6%, 2년 앞당기면 12%, 3년 앞당기면 18%, 4년 앞당기면 24%, 5년 앞당기면 30%를 감액하여 받게 된다.

연금을 받기 전까지 아직 몇 년이 남았는데 당장 돈이 필요하다면 조기노령연금 신청을 해야 하겠지만, 그렇지 않은 경우에는 과연 빨리 받는 것과 늦추는 데까지 늦추었을 때의 차이가 얼마나 날까?

이를 구체적으로 계산해 보면, 연금을 63세부터 월 100만 원을 수령할 수 있는 사람이 58세에 조기노령연금 신청을 한다면 월 70만 원을 받게 된다. 왜냐하면 5년을 빨리 받으니 30%인 30만 원이 감액되므로 70만 원을 받게 되는 셈이다.

이 70만 원을 1년간 합산하면 연간 840만 원이 되며 5년간 합산하면 4천2백만 원을 수령하게 된다.

그런데 63세부터 100만 원을 수령하는 사람은 더 받게 되는 30만 원으로 4천2백만 원이 되려면 약 140개월이 소요된다. 약 12년의 기간이다.

결론적으로, 단순 계산할 때 국민연금 개시연령부터 12년을 더 오래 살 자신이 있다면, 참고 기다렸다가 연금수령 나이가 되어 연금을 받는 것이 더 낫다는 이야기가 된다.

요즘은 워낙 오래 사는 시대가 되었으니 퇴직 후 국민연금 수령시기까지의 힘든 시기는 주택연금이나 젊어서 납입해 두었던 연금에 목돈을 조금 헐어서 알뜰하게 생활하고 가급적 연금수령 시점을 뒤로 미루어 보는 것이 어떨까 한다. 또한 소득이 없는 배우자가 있는 경우에도 부부 동시 가입을 추천하는데 이는 노후에 부부가 각각 연금을 수령할 수 있기 때문이다.

만일 배우자가 사망하면 국민연금의 '중복급여 조정규정'에 따라 뒤에 남는 배우자는 본인 노령연금과 유족연금 중에서 자신에게 유리한 하나만 신중하게 선택해야 한다. 즉 자신의 노령연금보다 숨진 배우자가 남긴 유족연금이 훨씬 많으면 유족연금을 고르면 되지만 유족연금을 고르면 유족연금만 받고 자신의 노령연금은 받지 못한다. 다만, 자신의 노령연금을 선택하면 자신의 노령연금에다 유족연금의 20%를 합산한 금액을 유족연금과 비교하여 큰 금액을 선택하여 받을 수 있다.

참고사항으로 국민연금과 직역연금(공무원, 군인, 사학, 별정우체국)의 최소가입기간(국민연금 10년, 직역연금 20년) 부족으로 연금수령이 어렵다면 연금 간 연계신청을 통하여 합산 가입기간이 20년 이상이면 연금을 받을 수 있다.

또한, 국가에서 국민연금 보험료 지원 대상을 두고 있는데, 첫째, 지역가입자 중 농어업인은 연금 보험료의 1/2을 지원하고 둘째, 보험료 지원을 신청하고 납기 내 완납한 10인 미만 사업장에 근무하는 저임금근로자(2015년 기준 월평균 140만 원 미만)에 대해서는 사용자 및 근로자 부담분 각각의 1/2은 국가가 지원한다.

추가로 앞에서 설명한 내용 중 공적연금 수령 시점에 재취업 또는 재테크 등으로 사업소득, 부동산임대소득, 근로소득 등이 발생하고 월평균 소득금액이 일정기준금액 초과시, 연금수급 최초 5년 동안 세금부담액 증가와 더불어 연금수령액이 최대 50%까지 감액될 수 있는데 이때 국민연금 초과소득월액에 따른 국민연금 감액금액은 2016.8.26.일 기준으로 다음 표와 같다. 이때 금융소득은 해당되지 않는다.

국민연금 초과소득월액에 따른 국민연금 감액금액

(단위: 원)

| 초과 소득월액 | 노령연금지급 감액분 | 월 감액금액 |
|---|---|---|
| 100만 미만 | 초과소득월액분의 5% | 0~5만 |
| 100만 이상<br>200만 미만 | 5만+(100만 초과한 초과소득월액의 10%) | 5~15만 |
| 200만 이상<br>300만 미만 | 15만+(200만 초과한 초과소득월액의 15%) | 15~30만 |
| 300만 이상<br>400만 미만 | 30만+(300만 초과한 초과소득월액의 20%) | 30~50만 |
| 400만 이상 | 50만+(400만 초과한 초과소득월액의 25%) | 50만 이상 |

은행을 활용하여
부자되는 습관

# 퇴직연금, 연금저축.
# 사적연금의 세계!

사적연금으로 수령하는 총금액의 합산이 연간 1,200만 원 이하 수령 시 다른 소득과 합산되지 않고 분리되어 세금이 납부되는 분리과세로 납세의무가 종결된다.

세율은

70세 미만 수령 시 5.5%
종신형과 70세 이후 80세 미만 연금 수령 시엔 수령액의 4.4%
퇴직소득과 80세 이후 연금 수령 시 3.3%가 과세

중요한 것은 퇴직소득을 연금수령 시 3%로 최저 원천징수세율이 과세된다는 점이다.

퇴직소득을 연금으로 수령하기 위해서는 개인형 퇴직연금(IRP)계좌를 이용하여야 하는데 주의해야 할 점은 수익을 내기 위해 퇴직 IRP의 운용을 어떻게 하여야 하는 것이며, 퇴직 IRP 운용에는 수수료가 있으므로 수수료율을 감안하여 수익률을 살펴야 한다. 잘못 운용하면 세금 1~2%를 아끼려다 오히려 손해를 볼 수도 있다.

연금저축의 경우 연금수령요건은 5년 이상 납입해야 하며, 납입한도는 연 1,800만 원까지 만 55세 이후 15년 이상 연간 연금수령 한도 내 수령을 해야 한다.

연금저축은 연금저축보험, 연금저축펀드, 연금저축신탁이 있으며 2001년 이후부터 가입한 연금 상품 납입액에 대해 세액공제를 해 준다.

퇴직연금계좌는 2가지로 구분되는데 퇴직금수령용 IRP계좌와 적립용 IRP계좌가 있다. 퇴직금수령용 IRP계좌는 말 그대로 퇴직금을 이체받는 계좌이며, 적립용 IRP계좌는 연말정산 시 세금혜택을 받고자 함이 주요 목적이다. 연금저축납입액과 합산하여 연간 700만 원까지 세액공제가 되며, 연금 수령 시 연금저축과 같은 세법 적용을 받는다. 만약, 퇴직연금을 가입한 직장에 근무한다면 퇴직연금의 종류가 확정기여형(DC형)일 경우엔 별도의 계좌개설 없이 퇴직연금 계좌에 추가납입하면 연말정산 시 세금혜택을 볼 수 있다. 그러나 별도로 관리하고 싶다면 적립 IRP계좌를 신규로 개설하여 관리해도 된다.

만약 직장의 퇴직연금형태가 확정급여형(DB형)일 경우엔 별도의 적립 IRP계좌를 개설하여야만 한다.

은행을 활용하여
부자되는 습관

# 주택연금

은퇴 후 국민연금 수령까지 소득이 없는 소득절벽 시기 또는 준비한 연금이 부족할 시 활용할 수 있는 연금이다. 한마디로 표현하자면 살고 있는 주택을 담보로 대출을 받아 평생 나누어 쓴다는 개념이다.

주택연금을 요약하자면 평생 거주하면서 종신 방식으로 선택 시 평생지급을 약속하고 국가가 보증하며 지급한 연금이 집값을 초과하면 한국주택금융공사가 부담하고 남으면 상속을 하게 된다. 또한, 재산세가 25% 감면되는 세제혜택도 있다.

대상은 부부 중 1인이 만 60세 이상 9억 이하 1주택소유자 또는 보유주택 합산 9억 이하 다주택자가 해당된다.

장점으로

첫째, 평생 주거보장이다. 내 집에서 평생 살면서 꼬박꼬박 매달 연금까지 받는다.

주택연금액 산출근거가 되는 연령보다 오래 살아 연금지급액이 집 값을 초과해도 살아 있는 한 거주와 연금 지급률을 보장한다. 만약 조기 사망으로 연금수령액이 집값보다 적을 경우엔 차액만큼을 상 속인에게 지급하므로 손해 볼 게 없는 상품이다.

둘째, 상계변제금지이다.

셋째, 주택가격이 하락해도 약정연금액이 나온다. 단, 주택가격이 상승해도 연금액이 오르지 않는다. 사회보장제도의 기능이 있는 바 주택가격이 낮을 시 상대적으로 더 많은 주택연금을 수령한다. 1억 5 천만 원 미만 주택은 8~15% 더 받을 수 있는데 다주택자는 제외된다.

넷째, 국가가 보장한다.

다섯째, 재산세 25%의 감면 혜택이 있다.


단점이라면 연금액이 집값에 비해 적다. 이자 외 초기보증료(일종 의 가입비로 주택가격의 약 2%), 근저당권설정비, 감정평가수수료, 인지세 (은행이 50% 부담) 등 비용이 발생하며 재개발 재건축 시 권리문제 발생 및 이사가 곤란하다.

중도해지는 가능하나 중도상환수수료는 없고 가입비는 돌려받지 못 한다. 단, 1회만 연금을 받고 2회차 월 연금 지급일 직전 영업일까지 연금지급총액을 상환하고 약정철회 시 가입비는 돌려받을 수 있다.

주택연금을 받게 되면 전세는 줄 수 없고 보증금 없는 월세로 주택 일부 임대는 가능하다. 본인 및 배우자 모두 사망 시 지급은 종료되며, 본인 사망 후 6개월 이내 배우자 앞 주택 소유권이전등기와 채무를 인수하지 않을 경우 지급이 종료된다. 그 외 주택매각, 양도 등 주택소유권 상실 시, 1년 이상 담보주택에 실제 거주를 안 할 시 주택연금 지급이 종료된다. 사망 시, 법원경매 또는 상속인 등이 임의경매를 통해 상환 가능하다.

주택연금 지급방식 유형으로는 2가지가 있는데

❶ 종신혼합방식으로 목돈 인출 한도를 설정하고 나머지를 월 지급금으로 수령하며 목돈 인출 한도 내에서는 목돈 인출이 가능하다.
❷ 종신지급방식으로 월 지급금만 평생 수령한다.

수령방식으로는 3가지가 있는데

❶ 정액형은 종신으로 매월 동일금액을 수령하고
❷ 정률 증가·감소형은 월 수령액이 매년 3%씩 증가 또는 감소하는 방식이며
❸ 전후 후박형은 가입 초기 10년은 많이 받고 이후 11년째부터 처음 받았던 금액의 70%를 수령한다.

받는 방식은 일단 한번 받게 되면 변경되지 않는다. 타 연금수령 및 소득 유무와 관계없고 토지나 상가 등 다른 부동산이 있어도 가

입 가능하다. 주택연금을 받고자 하는 주택에 대출이 있으면 가입이 불가한데, 이럴 경우엔 기존대출을 갚고 남은 돈으로 연금을 수령하는 주택담보대출상환용 주택연금에 가입하면 된다.

40~50대가 60세부터 주택연금을 받을 수 있도록 사전 예약이 가능한데 이 경우 주택연금 사전예약 보금자리론이라고 하여 금리를 깎아 주기도 한다.

연금지급 금액은 어느 정도가 될까?

2017년 7월 기준 주택연금 지급액을 살펴보면, 시세 2억 원 집이면 70세부터 종신지급 정액형의 경우 죽을 때까지 평생 매월 정액 616,000원을 받을 수 있으며, 시세 3억 원 집이면 70세부터 종신지급 정액형의 경우 죽을 때까지 평생 매월 정액 924,000원을 받을 수 있다. 시세 5억 원 집이면 70세부터 종신지급 정액형의 경우 죽을 때까지 평생 매월 정액 1,540,000원을 받을 수 있다.

# 순수 개인연금

연금소득세와 관련 없는 개인연금에 대해 알아보자.

개인연금을 준비하는 형태는 크게 3가지다.

> 첫째, 노후 대비 목적으로 젊어서부터 소액으로 납입하며 준비하는 경우
> 둘째, 40대 이후 노후 대비가 부족한 것 같아 연금 계획하에 준비하는 경우
> 셋째, 50~60대 이후 연금준비가 부족한데 준비할 시간이 없어 즉시연금으로 가입하는 경우

**가장 권장하는 방법은** 사회 첫발을 내딛고 취업을 하면 바로 월 10만 원이라도 없는 셈 치고 노후를 위한 연금을 준비하는 것이다. 노후준비는 시간의 준비라고 해도 과언이 아니다. 20대 때 10만 원이 60대 때 100만 원보다 클 수 있다.

그러나 40대라도 준비하는 것은 그나마 다행이다. 생활이 어렵다는 이유로 이때도 준비가 안 된다면 돈 없고 힘없는 노인이 되었을 땐 얼마나 더 어렵고 힘들겠는가? 부동산으로 노후 준비를 하는 것도 나쁘지 않다. 그러나 금융상품인 연금으로 노후준비는 필수이다. 왜냐하면, 내가 신경 쓰지 않아도 연금은 나오기 때문이다. 부동산은 나이가 들수록 관리가 많이 힘들어진다.

준비가 많이 부족한 상태에서 은퇴를 맞이하였을 때 목돈이 있다면 즉시연금을 활용하면 된다. 이번 달에 가입하면 다음 달부터 바로 연금이 나온다.

수령방법에는 종신형과 상속형, 확정형이 있다.

종신형은 살아 있는 동안 연금이 나온다. 그러나 일단 한번 연금이 나오고 난 후엔 중도해지가 안 되니 심사숙고하여 가입하여야 한다.

상속형은 은행의 매월 이자 받는 정기예금으로 생각하면 된다. 기간을 정해 놓고 매월 이자를 받다가 정 해진 기간이 끝나면 원금을 돌려받는다. 은행의 정기예금이자보다 더 많이 수령할 수도 있으니 검토해 보기 바란다. 중도해지도 가능하다. 단, 중도 해지시에는 원금손실이 발생할 수 있다. 현재의 세법으로는 1억 원까지 비과세가 적용된다.

확정형은 10년 20년 등 기간을 정해 놓고 연금을 수령하는 방식인데 만기가 되면 원금이 없어진다. 연금수령기간 동안 원금과 이자를 함께 수령하는 방식이므로 매월 원금을 나누어 받는다고 보면 된다.

당연히 다른 연금보다 연금금액은 많이 나오겠지만, 확정기간이 지나고 나면 연금이 나오지 않으니, 이는 은퇴 후 가장 돈이 많이 드는 시기인 60~80세 사이에 일정 금액을 가입하여 집중해서 나오도록 설계하는 것도 자금관리의 한 방법이다. 중도해지도 가능하다. 현재의 세법으로 1억 원까지 비과세가 적용된다.

07

실전! 금융거래

부자가
되기 위해
지금 무엇을
하는가

# 단기여유자금
## 활용법

단기 재테크이지만 최대한 안전하게 자금을 운용할 수 있는 금융 상품 종류와 자금운용방법이다.

단기금융상품이란 금융거래를 하면서 짧은 기간에 목돈을 굴려야 하는 경우가 있는데 예를 들면 주택매매 시 중도금 잔금 등 지불 전 짧게는 며칠부터 몇 개월까지 여유가 있는 자금을 말한다.

단기금융상품 중에서 입출금이 자유롭고 정기예금 수준의 금리에 원금을 안정적으로 지킬 수 있는 상품은 무엇이 있을까?

가장 편리하고 일반적으로 사용되고 있는 것 중 어음관리계좌 (CMA: Cash Mangement Account)와 단기금융펀드(MMF: Money Market Fund) 이다.

첫째, CMA는 종합금융회사가 고객의 돈을 국공채 등 단기금융상품에 투자하여 그 수익을 고객에게 나누어 주는 상품이다. 수시 입출금이 가능하며 5,000만 원까지 예금자보호대상이다. 단, 하루만 맡겨도 이자가 지급되는 CMA는 단기자금을 활용하는 데 적합한 증권사의 대표금융상품으로 직장인들이 급여이체 통장으로 사용하거나, 일시적인 여유자금이나 비상금 등을 넣어두는 통장으로 두루 활용되고 있다. 또한 인터넷뱅킹, 자동이체 등 여러 가지 부가 서비스를 동시에 이용할 수 있다.

다음으로 MMF는 고객의 돈을 국채, 지방채, 특수채, 은행채, 우량등급 AA 이상의 우량 회사채 및 A2 이상의 기업어음(CP), 양도성 예금증서, 콜론, 은행예금 등 안정적인 자산에 투자하여 안정적 수익을 추구하는 초단기 금융 상품이다. 안정적 수익 추구를 위하여 MMF자금운용은 투자대상 신용등급을 강화하고 투자대상을 가중평균 잔존만기를 90일 미만으로 제한한다. 소액투자가 가능하고 시중금리변동에 큰 영향을 받지 않아 수익이 안정적이며, 환매수수료가 부과되지 않아 단기로 자금을 운용하는 투자자에게 적합하다. 단, 일정금액 이상의 최소가입금이 필요하며 예금자보호대상이 아니다. 여기서 일정금액이란 보통 100만 원을 의미하며 신규 시에만 필요하고 이후에는 잔액이 0원이 되어도 괜찮다. 개인용 MMF의 경우 당일 입금된 것은 당일 출금은 불가하나 그 외에는 입출금이 자유롭다. 오후 5시 이전에만 인출된다. MMF는 펀드의 일종이지만 일반펀드와 가장 큰 차이점은 보유자산을 장부가로 평가한다는 점이다. 장부가 평가를 통해 시장금리의 변동에도 불구하고 펀드가 보

은행을 활용하여
부자되는 습관

유한 자산의 가치변동은 발생하지 않는다. 단, 투자상품의 시가와 장부가와의 차이가 ±0.5%를 초과하면 시가로 전환되는 괴리율 위험은 존재한다. 이렇게 장부가와 시가와의 차이가 ±0.5%에 도달하면 법적으로 시가로 전환하여 손익을 반영해야 하는 것을 말한다.

단점이라면 자동이체등록이 제한되고 급여이체 통장으로 사용하는 데 불편함이 있다.

# 목돈 만들기·불리기,
# 어떻게 가입할까?

○ **목돈 만들기, 어떻게 가입할까?**

일정 기간 돈을 적립하여 목돈을 만드는 상품이다. 크게 정액납입적금과 자유납입적금으로 구분한다.

정액납입적금은 일정 기간 정기적으로 일정한 금액을 납입하는 적금이며 자유납입적금은 금액 및 횟수와 관계없이 납입을 자유롭게 하는 적금이다.

금리 면에서는 자유납입적금보다 정액납입적금이 다소 높다. 그러나 금리가 다소 낮더라도 자유납입적금을 더 권장한다. 이유는 목돈을 만드는 데 더 유용하기 때문이다.

자유납입적금 운용방법은 정액납입적금처럼 매월 자동이체를 하고 가끔 여윳돈이 생길 때 추가납입을 하는 것이 목돈 마련에 더 유용해진다.

요즘 같은 저금리 상황에서 1년제 정액납입적금은 대개 1.5% 수준이고, 자유납입적금은 이보다 0.1~0.2% 적은 1.3~1.4% 수준이다. 정액납입적금을 매월 100만 원씩 1년을 납입한다고 가정 시 세후 연수익률이 연 1.5%라면 이자는 약 90,000원 정도가 된다. 반면, 자유납입적금은 대략 78,000원~84,000원의 이자가 발생하므로 커봐야 12,000원에서 6,000원 정도의 차이밖에 나질 않는다. 그렇다면 여윳돈이 단돈 5만 원만 있더라도 허투루 쓰지 말고 추가납입을 한다면 목돈을 모으기에 훨씬 좋은 방법이 된다.

또 하나 적금 만기 수령금액이 예를 들어 9,890,000원이라면 그대로 황금알을 낳는 거위인 종잣돈 마련을 위해 정기예금을 하되 가급적 끝전을 채워서 10,000,000 원으로 예치하는 것이 티끌 모아 태산이 되는 방법이다.

○ 목돈 불리기, 어떻게 가입할까?

목돈은 황금알을 낳는 거위이다.

목돈인 관계로 예금자보호법을 감안하여 금리가 높은 금융기관을 찾아서 예치를 하여야 하고 신용등급이 낮은 금융기관이라면 예금자보호법이 적용되는 한도인 5천만 원 이내에서 맡겨야 한다.

예금자보호법 적용 한도 5천만 원에는 이자도 포함되므로 맡기는 금액은 5천만 원에서 이자를 뺀 금액을 예치하는 것이 좋다.

예치방법으로 예를 들어 잔금 치를 주택구입자금으로 목돈을 가지고 있는데 잔금지급일이 3개월 17일 뒤라면 정기예금 기간을 여기에 맞추어 3개월 17일로 계약하면 된다. 정기예금 예치기간은 1개월부터 보통 3년 이내에 일, 월, 연 단위로 정 할 수 있기 때문에 남은 잔금 지급 기간인 3개월 17일 동안 알차게 예치하여 새는 돈이 없도록 해야 한다. 보통의 경우엔 3개월만 예치하고 17일은 활용을 못하는 경우가 많다.

또 하나 만일 만기 며칠을 남겨두고 돈이 필요하다면 굳이 중도해지를 하지 말고 예금담보대출을 받으면 된다. 그러면 만기에 돈을 찾아 갚으면 이자손해도 보지 않고, 며칠 동안의 대출이자만 부담하면 되기 때문이다. 단, 대출이자와 중도해지 시 이자를 비교해 봐야 한다. 만기가 어중간하게 남아 있을 경우 잘못하면 오히려 손해가 될수 있다.

# 연말정산
## 절세 3종 SET

연말정산 절세 3종 SET는 개인형퇴직연금(IRP), 연금저축, 주택청약종합저축이다.

절세 3종 SET 중 IRP와 연금저축의 경우 연간 소득금액별로 환급되는 방법이 다르다. 연소득 종류별로 구분하자면 종합소득금액 4,000만 원 또는 근로소득만 있는 경우는 총급여 5,500만 원 이하인 자와 초과인 자, 그리고 종합소득금액 1억 원 또는 근로소득만 있는 경우 총급여액 1억 2천만 원 초과자로 나뉜다.

세액공제효과를 소득(급여)구간별로 구분하면 다음 표와 같다.

소득(급여)구간별 세액공제효과

(단위: 원)

| 연간소득 구간 | 총급여 (근로자) | 5,500만 이하 | 5,500만 초과 1억2천만이하 | 1억2천만 초과 |
|---|---|---|---|---|
| | 종합소득 금액 | 4,000만 이하 | 4,000만 초과 1억이하 | 1억 초과 |
| 세액공제 한도 | 전체 | 700 | 700 | 700 |
| | 연금저축 | 400 | 400 | 300 |
| | IRP | 700 | 700 | 700 |
| 세액공제율 | | 16.5% | 13.2% | 13.2% |
| 최대환급액 | | 1,155,000 | 924,000 | 924,000 |

　　연금저축과 IRP를 합산하여 전체한도는 최대 700만 원으로 제한된다. 해당연도에 중도 해지하는 경우 해당연도 저축납입액은 연말정산 소득공제를 받을 수 없으며, 해지 해당연도 납입액에 대해 공제받지 않은 경우 해당연도의 저축납입액은 기타소득으로 과세하지 않는다.

　　종합소득금액 1억 원 초과 총급여액 1억 2천만 원 초과자의 경우 유의할 사항은 연금저축으로 400만 원까지 세액공제가 되던 것이 2017년도부터 300만 원으로 줄었다. 그러므로 연간 700만 원의 소득공제 효과를 다 보려면 IRP계좌 활용이 필수적인데 IRP계좌 하나만으로 700만 원의 혜택을 보거나, IRP 400만 원, 연금저축 최대한도인 300만 원 한도로 혜택을 보면 된다.

주택청약종합저축의 소득공제 대상은 과세기간의 총급여액이 7천만 원 이하인 근로소득이 있는 거주자(일용근로자 제외)로서 과세연도 중 주택을 소유하지 않은 세대의 세대주가 해당된다.

만일 과세연도 중에 주택을 소유한 적이 있다가 팔았다면 현재 무주택세대주라 할지라도 소득공제 혜택은 볼 수 없다.

주택청약종합저축 소득공제한도는 아래 표와 같다.

| 세제혜택 | 공제최대한도(연간) | 최대환급액 |
|---|---|---|
| 연간납압액의 40% 소득공제 | 960,000 | 158,400 |

즉 100만 원을 납입했다면 납입액의 40%인 40만 원을, 240만 원을 납입했다면 납입액의 40%인 96만 원을, 500만 원 납입했다면 아무리 많이 납입했더라도 최고한도가 240만 원이므로 240만 원의 40%인 96만 원만 소득공제가 된다.

신청방법은 연말정산 신청 시 가입은행에 무주택확인서를 제출해야 하며, 소득공제를 받은 자가 사망, 해외이주 등 특별해지 외의 사유로 가입일로부터 5년 이내 해지하는 경우와 국민주택규모인 85제곱미터를 초과하는 주택에 당첨되어 해지하는 경우에는 세금추징을 받는데 추징금액은 소득공제를 받은 납입누계액(연 240만 원 한도)의 6%이다.

# 주택청약종합저축
# 반드시 가입하라

주택청약종합저축을 가입하는 용도는, 국민주택이나 민영주택 청약을 위함이고 만기가 자유롭고 비교적 좋은 금리의 목돈 예치와 적립식예금으로 활용하기 위함이다. 또한 근로소득자의 경우 소득공제 요건을 충족할 경우 연말정산 시 소득공제 혜택이 있기 때문이다. 소득공제 요건은 연간 총 급여액이 7천만 원 이하인 근로소득이 있는 무주택세대주는 연간 납입액 중 240만 원을 한도로 납입액의 40%를 소득공제 받을 수 있다.

목돈 예치식의 경우 일시 예치 최대한도는 1,500만 원이고 추가로 월 50만 원 이내에서 자유로 적립할 수 있다. 위 적립식으로 활용하는 이유는 다음과 같은 이유에서이다.

첫째, 1년 이상 가입 시 연 1.5%, 2년 이상 가입 시 연 1.8%로 금리가 비교적 양호하며, 금리는 수시로 변동될 수 있다.

둘째, 월 2만 원 이상 50만 원 이내에서 10원 단위로 자유롭게 납입이 가능하고,

셋째, 만기가 없으므로 향후 언제든지 자금이 필요시 해지하면 된다.

넷째, 또 하나는 사랑스러운 아이나 손자가 태어나면 축하예금으로 가입해 주기를 권장한다.

전 금융기관을 통하여 1인 1계좌이므로 외할머니가 손자에게 먼저 가입을 해주면 친할머니는 가입해 줄 수가 없다. 할머니들은 먼저 기회를 잡기 바란다.

주택청약종합저축은 예금자보호법 적용대상이 아니라 예금보험공사가 보호하지 않으나 주택도시기금의 조성재원으로 정부가 관리하고 있다.

가입대상은 국민인 개인은 물론 외국인 거주자, 미성년자, 유주택자, 세대원 등 누구나 가입 가능하다.

청약신청은 주택유형별, 평형별, 지역별로 다 다르다. 그러므로 가급적 빨리 가입하고 주택구입을 원하는 지역별, 평형별 금액을 확인한 후 그 금액에 맞추어 준비를 해 놓기 바란다.

다음으로 기존 청약예금과 청약부금, 청약저축 가입자는 어떻게 되나?

청약저축은 국민주택 청약이 가능하고, 청약예금과 청약부금은 민영주택 청약이 가능하다. 청약저축과 청약부금은 청약예금으로 전환이 가능한데 이 경우에는 민영주택 평형별 예치금액에 따른 청약을 할 수 있다. 청약저축을 청약예금으로 전환하게 되면 국민주택 청약은 불가능하며 다시 청약저축으로 전환할 수도 없으므로 전환 결정은 신중히 해야 한다.

# 외국돈 환전은
## 이렇게

해외여행을 가거나 외국에서 공부를 하고 있는 자녀에게 외국돈으로 송금하려면 환전이라는 절차를 거쳐야 한다. 이럴 때 어떻게 해야 할까?

미국 돈 1달러가 필요하여 은행에 바꾸러 가면 돈 계산을 어떻게 하는지 보자!

은행에는 매매기준율이라는 것이 있고 현찰매도율과 현찰매입률이라는 것이 있다. 만약 미국 돈 1달러의 매매기준율이 1,100원이라면 현찰 매도율은 대략 1,120원이 되고, 현찰 매입률은 대략 1,080원이 된다. 여기서 현찰매도율, 현찰매입률이란 은행을 기준으로 한 용어이며, 미국 돈을 사야 하는 일반인 입장에서는 거꾸로 생각하면 된다. 은행을 이용하는 사람의 입장에서 매도는 사는 돈이 되며

매수는 파는 돈이 된다.

미국 돈 1달러가 필요하여 살 때는 1,120원에 사지만, 필요 없게 되어 다시 은행에 팔러 가면 갑자기 1,080원만 돌려받게 된다. 가만히 앉아서 40원을 손해 보게 되는 셈이다. 그렇게 때문에 가급적 거래하는 금융기관에 가서 사전에 우대환율을 적용받아 싸게 사고 비싸게 팔아야 한다.

예를 들어 50% 우대를 받는다는 것은 매매기준율 1,100원의 미국 돈 1달러를 1,120원에 사야 하지만 50% 우대를 받으면, 차이 20원의 반값인 10원만 부담하고 1,110원에 살 수 있다. 10원 싸게 구입하는 셈이다.

파는 것도 마찬가지다.

미국 돈 1달러의 매매기준율이 1,100원일 때 가지고 있는 미국 돈 1달러를 팔려면 1,080원을 받게 되지만, 50% 우대를 받게 되면 차액 20원 중 10만 부담하여 1,090원에 팔 수 있다. 10원 비싸게 파는 셈이다.

여기서 우대를 10% 받느냐, 50% 받느냐, 70% 받느냐에 따라 가격이 달라지며, 은행에서는 우수고객인 경우나 특별 우대기간일 경우 우대를 해주므로 환전 시 참고하기 바란다. 거래가 없어도 환전금액이 많거나 특별한 사항 발생 시 우대를 받을 수 있음도 기억하자.

또 하나, 환전은 거래하고 있는 금융기관에서 사전에 교환을 해두는 것이 좋으며 급하게 공항에서 환전하게 되면 은행보다 더 비싸게 사야 한다.

은행을 활용하여
부자되는 습관

## ○ 해외여행 준비는 외화 적금으로

달러나 엔화 위엔화 등으로도 예금이나 적금 등이 가능하다. 우리 나라 돈처럼 외화로도 입출금이 자유로운 예금, 적립식예금, 목돈을 한꺼번에 넣어두는 정기예금을 할 수 있다.

그렇다면 어떻게 활용할 수 있을까?

여행이나 학자금으로 달러 등 외국돈이 필요할 때 갑자기 환전을 하게 되면, 외화가 쌀 때도 있겠지만 비쌀 때도 있다. 그리고 갑자기 목돈을 마련하기가 쉽지 않을 수도 있다. 이럴 때를 대비하여 미리 미리 외화를 사 둘 수 있는데, 외화를 사서 집에 두지 말고 은행에 예금을 해 두면 안전할 뿐만 아니라 이자도 받을 수 있다.

만약 미국여행을 1년 뒤에 갈 예정인데 소요비용이 미화 $3,000이 필요하다면 매월 미화 $250씩 적금을 넣어 필요자금을 준비해도 된 다. 필요할 땐 언제든지 찾을 수도 있다.

새로운 발상으로 여행하다 집에 남은 자투리 외화 들고 은행에 예 금하러 가보자.

# 자영업자 필수품
## '노란우산공제'

노란우산공제는 소기업·소상공인이 폐업이나 노령 등의 생계위협으로부터 생활안정을 기하고 사업 재기의 기회를 제공받을 수 있도록 중소기업협동조합법 제115조에 따라 중소기업중앙회가 관리 운용하는 사업주의 퇴직금 또는 목돈 마련을 위한 공제제도이다.

○ 혜택에는 무엇이 있을까?

납입부금에 대해 연간 최대 500만 원까지 소득공제 혜택을 부여하며 과세표준 구간별로 소득공제 한도가 달라진다. 사업자의 절세전략으로 탁월한 상품이다.

과제표준별 소득공제율표

(단위: 원)

| 과세표준 | 최대<br>소득공제한도 | 세율 | 최대<br>절세효과 |
|---|---|---|---|
| 1,200만 이하 | 500만 | 6.6% | 330,000 |
| 1,200만 초과<br>4,600만 이하 | 500만<br>~300만 | 16.5% | 825,000<br>~495,000 |
| 4,600만 초과<br>8,800만 이하 | 300만 | 26.4% | 792,000 |
| 8,800만 초과<br>1억5천만 이하 | 300만<br>~200만 | 38.5% | 1,155,000<br>~770,000 |
| 1억5천만원초과<br>5억원 이하 | 200만 | 41.8% | 836,000 |
| 5억 초과 | 200만 | 44.0% | 880,000 |

법률에 의해 공제금은 압류, 양도, 담보제공이 금지되어 폐업 시에도 최소한의 생활안정과 사업 재기를 위한 자금 확보가 가능하다.

납부금액 전액에 연 복리이자를 적용하여 적립되므로 목돈마련에 유리하다.

소기업·소상공인 지원시책에 입각하여 법률에 의해 도입하였으며, 중소기업청이 감독하고 비영리법인인 중소기업중앙회가 운영한다.

부금 납부월수가 12개월 이상 납입 시 납부부금 내 대출도 가능하다.

## ○ 가입은 어떻게 할까?

소기업·소상공인 사업주이면 되고, 업종별 소기업판단기준은 수시로 변경되므로 금융기관이나 중소기업중앙회에 문의하면 된다.

납입부금은 월 5만 원~월 100만 원까지 1만 원 단위로 월납 또는 분기납으로 하면 되고, 가입 장소는 거래하는 금융기관에 가면 가입할 수 있다.

## ○ 해지도 가능할까?

지급사유는 폐업 또는 가입자의 사망, 가입기간이 10년이 경과하고 가입자 연령이 만 60세 이상인 경우 가능하다. 단, 60세 이상이고 납입액이 5천만 원 이상일 경우에는 연금처럼 분할지급도 가능하다.

공제금 지급은 일시금으로 지급 가능하며 중도해지는 가능하지만, 중도 임의해지 시에는 납입원금 손실이 발생할 수 있으며 관련 세법에 따라 이미 받은 소득공제 금액에 대해 과세된다.

은행을 활용하여
부자되는 습관

# 골드바
## 어디서 살까?

왜 골드바에 투자하는가?

화폐와 유사한 환금성을 가진 투자상품이고 국제적 원자재로 유용하며 한정된 매장량으로 인한 희소성이 있어 투자상품으로 분산효과에 뛰어나기 때문이다.

얼마 전까지만 하여도 골드바는 〈007〉 영화에서나 볼 수 있었다. 그러나 요즘은 홈쇼핑에서도 골드바 판매를 할 만큼 일반인들의 재테크 목적으로 금 투자가 일반화되어 있다.

그런데 어디서 사는 것이 좋을까? 판매처는 여러 곳이다. 일반적인 귀금속 전문점, 홈쇼핑, 인터넷쇼핑몰 등등.

최근에는 은행에서도 판매를 하고 있다.

일부 금융기관을 제외하고는 거의 판매를 한다. 귀금속점에서는 원하는 양을 살 수 있지만, 금융기관에서는 중량을 정해놓고 판매를 하는데 〈g〉 또는 〈kg〉으로 판매하거나, 우리나라에서 주로 통용되고 있는 〈돈〉으로도 판매한다. 구입신청을 하면 시세에 의한 가격으로 구매 가능하며, 구매거래 체결 후 7영업일 이내에 금 실물이 도착했다는 연락을 받으면 은행으로 찾으러 가면 된다.

팔고 싶으면 구매했던 은행 각 지점에서 바로 매입도 해준다. 단, 품질보증서와 시리얼번호에 의하여 은행이 판매대행한 골드바 임이 확인되지 않거나 외형의 손상 및 위변조가 의심되는 골드바에 대해서는 매입요청이 거절될 수도 있으니 보관에 유의하여야 한다.

매도 시 은행에서는 골드바 수령 후 3~5영업일 이내에 고객계좌에 입금을 해준다.

골드바의 가격은 국제 금시세 및 환율의 변동에 따라 변동되며, 은행에서 판매되는 골드바의 매매금액은 부가가치세 10%와 수수료가 포함된 금액이다. 판매수수료는 보통 5% 정도인데 10g의 경우처럼 중량이 적을 경우엔 약 7%가 붙는다. 매입수수료는 중량과 관계없이 보통 5% 정도로 균일하다.

이와 달리 골드뱅킹을 활용하면 세금부담을 회피할 수 있으며 '금투자 통장'으로 입금한 금액만큼 시세에 맞춰 금에 투자하게 된다.

금은 부가세 10%와 매매수수료가 있는 관계로 수익을 내기가 쉽지 않은 재테크 상품이다. 그러나 금 실물을 찾아갈 땐 가격을 떠나 참 행복해하시는 모습을 많이 보았다. 경험상 금이라고 하는 것은 가격대비 큰 만족감을 주는 상품은 맞는 것 같다.

금융기관에서 판매하는 골드바 종류 및 금액

(2018.1. 기준 예시)

(단위 : 원)

| 종류 | 금액 | 부가가치세 | 최종구입금액 |
|---|---|---|---|
| 10g | 478,270 | 47,827 | 526,097 |
| 100g | 4,693,400 | 469,340 | 5,162,740 |
| 1kg | 46,934,000 | 4,693,400 | 51,627,400 |
| 10돈 | 1,768,400 | 176,840 | 1,945,240 |
| 50돈 | 8,774,980 | 877,498 | 9,652,478 |
| 100돈 | 17,516,430 | 1,751,643 | 19,268,073 |

*금융기관에 따라 판매하는 상품의 종류가 다를 수 있다.

골드바는 시세를 떠나 1년에 하나씩 10g이든, 100g이든 본인의 경제사정에 맞추어 실물을 구매하는 것은 어떨까?

골드바 활용법으로 향후 자녀들에게 증여를 할 수도 있고, 부모님이나 귀한 분들께 선물용으로도 사용할 수 있다.

또 다른 방법으로는 손자, 손녀가 돌이 되었다거나 축하해 줄 일이 있을 때, 50만 원대의 10g짜리 골드바 선물은 은행에서 종종 발생하는 거래이기도 하다.

# 카드 포인트
## 알뜰하게 쓰는 법

못 찾아 쓰고 버려지는 포인트가 얼마나 있을까?

이전과 달리 요즘은 포인트 소멸기간이 있어 제때 찾아 쓰지 못하면 무용지물이 되는 포인트 들이 많이 있다. 그래서 1년에 한 번, 또는 두 번 정도 포인트 찾아 쓰는 달을 정하면 뜻밖의 공돈을 챙길수 있다. 요즘 젊은 세대들은 실속 있게 잘 사용하고 있으나, 어느 정도 연령대가 되면 무신경해지거나 방법을 모르는 경우들이 종종 있다.

가장 크게 찾아 쓰지 않는 포인트로는 신용카드 포인트와 항공 마일리지 등이 있다.

특히 신용카드 포인트는 카드회사마다 조금씩 다르기는 하겠으나, 현금으로 바로 CASH BACK 가능한 포인트가 많이 있다. 그러므로 설이나 추석 등 돈이 많이 들어가는 때에 현금으로 돌려받아 요긴하게 사용하면 된다. 가끔 현금으로 돌려받을 수 있음에도 불구하고 주유권이나 상품권으로 돌려받는 경우가 있는데 현금으로 돌려받아 기름을 넣거나 물건을 사는 것이 더 실속 있다. 왜냐하면, 캐시백으로 돌려받은 현금으로 사용한 만큼 다시 포인트 적립이 가능하기 때문이다.

알아두면 유익한 정보

부자가
되기 위해

지금무엇을
하는가

# 내 예금 지켜주는
## 예금자보호법

은행이 부도가 나도 내가 예치한 돈은 다 찾을 수 있나? 금융기관이 부도가 나더라도 예금자보호법 적용금액 이내라면 예금을 즉시 찾을 수는 있을까? 한마디로 말하자면 "아니다" 이다.

○ 금융회사에 맡긴 내 돈은 얼마나 안전할까?

자세히 알아보자.

예금자보호법은 금융회사가 부도나더라도 예금자들의 피해를 줄여보고자 예금보험공사에서 일정 금액 지급을 책임지는 제도이다.

예금자보호가 되는 금액은 원금과 소정의 이자를 합하여 1인당 최고 5천만 원까지이다. 5천만 원을 초과하는 나머지 금액은 보호하지 않는다.

소정의 이자란 금융회사의 약정이자와 시중은행의 1년 만기 정기
예금 평균 금리를 감안하여 예금보험공사가 결정하는 이자 중 적은
금액을 말한다.

보험회사는 해약환급금 또는 만기 시 보험금이나 사고보험금과 기
타지급금을 합한 금액으로 산정된다.

1인당 보호되는 한도는 개별 금융회사별로 적용되므로 본점과 지
점 예금 등을 합산하여 산정한다.

예를 들자면, A은행이 파산한 경우, A은행 a지점에 예금 4천만 원
과 A은행의 b지점에 예금 6천만 원을 보유한 예금자의 보호금액은 5
천만 원만 보호된다. 나머지 5천만 원은 보호받지 못하게 되는데 왜
냐하면 동일 금융회사의 개별 지점별로는 보호되지 않기 때문이다.

다음 예는 B, C 저축은행이 모두 파산한 경우, B저축은행에 예금
7천만 원과 C저축은행에 예금 3천만 원을 보유한 예금자의 보호금
액은 어떻게 될까? 보호 한도는 개별 금융회사별로 적용되므로 B저
축은행에 대한 예금 7천만 원 중 5천만 원, C저축은행에 대한 예금
3천만 원, 총 8천만 원이 보호되어 2천만 원은 보호되지 않는다.

여기서 금융기관에 예금했다고 해서 다 보호되는 것은 아니다. 보
호가 되는 금융회사에는 은행, 보험회사, 투자매매업자, 투자중개업
자, 종합금융회사, 상호저축은행이다. 외국은행 국내 지점도 보호대
상이다.

은행을 활용하여
부자되는 습관

신용협동조합, 새마을금고, 농·수협 지역조합, 우체국은 예금보험 공사가 보호하는 금융회사가 아니다.

농·축협 지역조합의 경우에는 농업협동조합의 구조개선에 관한 법률에 따라 농협 상호금융예금자보호기금에 의거 조합별로 1인당 5천만 원까지 보호하고 있다.

신용협동조합과 새마을금고등은 자체 예금자보호기금을 운용하고 있다.

또한, 보호대상 금융회사가 취급하는 모든 금융상품이 보호되는 것은 아니다.

예금, 적금, 원본이 보전되는 금전신탁 등 원칙적으로 만기일에 원금이 보장되는 금융상품만을 보호한다. 금융투자상품, 실적배당형 상품, 증권사 CMA, 후순위채, 변액보험 주계약 등은 보호대상이 아니다. 정부 및 지방자치단체, 국·공립학교가 예치한 예금의 경우에는 보호되지 않는다.

보호금융상품 및 비보호 금융상품

| 구분 | 보호금융상품 | 비보호금융상품 |
|---|---|---|
| 은행 | ·보통예금·기업자유예금·별단예금·당좌예금 등 요구불예금<br>·정기예금·저축예금·주택청약예금·표지어음 등 저축성예금<br>·정기적금·주택청약부금·상호부금·등 적립식예금<br>·외화예금<br>·예금보호대상 금융상품으로 운용되는 확정기여형 퇴직연금제도 및 개인형퇴직연금제도의 적립금<br>·개인종합자산관리계좌(ISA)에 편입된 금융상품 중 예금보호대상으로 운용되는 금융상품<br>·원본이 보전되는 금전신탁 등 | ·양도성예금증서(CD), 환매조건부채권(RP)<br>·금융투자상품(수익증권, 뮤추얼펀드, MMF 등)<br>·특정금전신탁 등 실적배당형신탁<br>·은행발행 채권<br>·주택청약저축, 주택청약종합저축 등 |
| 투자매매업자·투자중개업자 | ·증권의 매수 등에 사용되지 않고 고객계좌에 현금으로 남아있는 금액<br>·자기신용대주담보금, 신용거래계좌 설정보증금,신용공여담보금 등의 현금잔액<br>·예금보호대상금융상품으로 운용되는 확정기여형 퇴직연금제도 및 개인형퇴직연금제도의 적립금<br>·개인종합자산관리계좌(ISA)에 편입된 금융상품 중 예금보호대상으로 운용되는 금융상품<br>·원본이 보전되는 금전신탁 등<br>·증권금융회사가 「자본시장과 금융투자업에 관한 법률」제330조 제1항에 따라 예탁받은 금전 | ·금융투자상품(수익증권, 뮤추얼펀드, MMF등)<br>·선물·옵션거래예수금, 청약자예수금,제세금 예수금, 유통금융대주 담보금<br>·환매조건부채권(RP), 증권사발행채권<br>·종합자산관리계좌(CMA), 랩어카운트, 주가지수연계증권(ELS), 주가연계파생결합사채(ELB), 주식워런트증권(ELW)<br>·금현물거래예탁금 등 |

은행을 활용하여
부자되는 습관

| 구분 | 보호금융상품 | 비보호금융상품 |
|---|---|---|
| 보험 | ·개인이 가입한 보험계약<br>·퇴직보험<br>·변액보험계약 특약<br>·변액보험계약 최저사망보험금·최저연금적립금·최저중도인출금·최저종신중도인출금 등 최저보증<br>·예금보호대상금융상품으로 운용되는 확정기여형퇴직연금제도 및 개인형퇴직연금제도의 적립금<br>·개인종합자산관리계좌(ISA)에 편입된 금융상품 중 예금보호대상으로 운용되는 금융상품<br>·원본이 보전되는 금전신탁 등 | ·보험계약자 및 보험료 납부자가 법인인 보험계약<br>·보증보험계약, 재보험 계약<br>·변액보험계약 주계약(최저사망보험금, 최저연금적립금, 최저중도인출금, 최저종신중도인출금 등 최저보증제외) 등 |
| 종금 | ·발행어음, 표지어음, 어음관리계좌(CMA) 등 | ·금융투자상품(수익증권, 뮤추얼펀드, MMF 등)<br>·환매조건부채권(RP), 양도성예금증서(CD), 기업어음(CP), 종금사 발행채권 등 |
| 저축은행 | ·보통예금, 저축예금, 정기예금, 정기적금, 신용부금, 표지어음<br>·상호저축은행중앙회 발행 자기앞수표 등 | ·저축은행 발행채권(후순위채권) 등 |

# 신용등급관리
## Know-How

　금융기관에서는 담보대출 시 근저당권설정비나 감정평가수수료 등 각종 비용을 금융기관이 부담하다 보니 비용이 많이 드는 담보대출보다는 신용대출을 선호한다. 담보대출이라도 연체가 되어 경매로 회수하여야 할 경우 100% 대출금을 회수한다는 보장이 없을 뿐만 아니라, 경매로 갈 경우 많은 인력이 필요하여 은행으로서는 득보다 실이 크다. 그리하여 담보가 있어도 신용등급이 좋지 않으면 대출을 꺼리는 것이 현재 금융기관의 현실이다.


○ 신용등급은 어떻게 책정할까?

　금융기관별로 고유의 자체 신용평가시스템이 존재한다. 그러므로 개개인의 신용등급이 모든 금융기관에서 동일하지 않다. 그러나 금융기관에서 대출이나 카드발급 시 공통적으로 사용하는 심사자료 내용을 살펴보면 다음과 같다.


○ CB사(나이스평가정보, 코리아크레딧뷰로〈KCB〉)의 등급

가장 중요하게 보는 사항은 현재 카드나 대출이 연체 중인지 여부이며, 나이스평가정보는 연체여부가 전체 평점의 40%를 차지한다. 그 외에 소득대비 대출규모, 대출·카드는 신용거래기간 및 신용거래형태, 국세·지방세·과태료 체납 정보, 케이블 방송, 통신업체, 백화점, 도·소매업체 같은 비금융회사 연체가 포함되며


○ 소득대비 대출규모 및 대출 변동 상황

이 상황이 더 중요하다. 짧은 기간 내 여러 건의 대출을 받는 것은 상당히 부정적인 내용이다. 소득 높은 것은 생각보다 신용등급에 큰 영향을 미치지 않는다.

대출이나 신용카드가 없으면 오히려 등급이 낮다. 왜냐하면 부채 상환능력을 평가할 자료가 없으니 점수를 전혀 받지 못하기 때문이다.

○ 주거래은행 거래 실적

거래는 한군데로 모아서 하는 것이 좋다. 그러나 금융자산이 어느 정도 있고 대출을 수시로 필요로 할 수 있는 사업을 하는 사람이라면 둘 이상의 금융기관 거래도 추천한다. 은행마다 특수한 사정으로 대출이 막히는 경우도 있기 때문에 리스크 관리 차원에서 둘 이상의 금융기관 거래도 필요하다.


○ 금융기관의 주관적 평가도 한몫한다

대출신청인의 대출 재촉, 대출 및 카드발급을 위한 완벽한 서류준비, 기 대출거래 내역, 퇴직 전 5년간 신용대출 상환여부 등이다. 금융기관의 경우엔 10만 원 이상 5개월 이상 연체 시 갚더라도 갚은 후 3년간 연체정보가 남고 백화점·비금융업체 10만 원 이상 3개월 이상 연체 시 갚더라도 갚은 후 3년간 연체정보 남는다.

위의 사항들을 참고하여 신용등급 관리를 잘하기를 바란다. 참고로 신용등급 단순조회는 2011.10월 이후부터 조회해도 등급은 안 떨어진다.

# 재산세 부과기준

재산세와 종합부동산세는 매년 6월 1일 부동산 보유자에게 1년 치 모두를 부과한다. 그렇다면 보유하던 부동산을 5월 말 안에 잔금을 치르고 소유권을 넘긴다면 매도한 주택에 대한 올해분 재산세는 누가 부담할까? 사는 사람이 모두 부담하게 된다. 그러므로 파는 사람은 당해연도 재산세 부담이 전혀 없게 된다.

그런데 거꾸로 5월 말 안에 잔금을 치르고 부동산의 소유권을 넘겨받는다면? 넘겨받는 사람이 1년 치 재산세를 다 부담해야 한다.

그러므로 재산세 부과기준에 대한 내용을 기억해 두면 소유권 이전 시 불이익을 받을 경우를 대비할 수 있다. 부동산 가액이 큰 경우엔 재산세가 수백만 원을 넘어설 수도 있으니 이를 부동산 거래가액에 포함 시키거나 안분 계산하여 부담하도록 하는 등 협상조건으로 사용할 수 있다.

# 전세금 어떻게 지킬까?

○ 주택보장보험

요즘 이런저런 이유로 집주인으로부터 전세금을 받지 못하여 피해를 보는 세입자들이 생겨나고 있다. 이를 대비하기 위하여 몇 가지 방법을 소개한다.

보험취급기관은 주택도시보증공사와 SGI서울보증이 있다. 상품을 살펴보면, 주택도시보증공사의 상품은 전세보증금 반환보증이다. 보증료는 전세보증금의 0.128%이며, 전세금이 수도권 지역은 5억 이하, 수도권 외 지역은 4억 이하가 해당된다.

SGI서울보증의 상품은 전세금보장 신용보험이다. 보험료는 전세보증금의 0.192%이다. 금액제한 없으나 아파트 외 주택은 10억 원 이하 보증금 전액 보증하며 제약사항으로는 전세금보다 우선하는 선순위채권이 주택가격의 60%를 넘지 않아야 한다. 선순위채권과 전세보증금의 합이 주택가격을 넘지 않아야 하며, 보증한도는 보증금에서 선순위채권을 뺀 금액이다.


○ 전세권 설정등기

다음으로는 입주할 집에 전세권을 설정하는 방법이다.

전세권이란 임대인과 임차인이 임대차계약에 있어 서로 합의에 따라 전세권을 설정하기로 계약을 체결하는 것이다. 그래서 임대인 즉, 집주인의 동의가 반드시 있어야 한다. 임차인의 입장에서 전세권설정은 '확정일자'와 '입주 및 전입신고'의 요건을 갖춘 것과 비슷한 효력을 갖는다. 확정일자란 임대차계약서가 존재한다는 사실을 증명하기 위해 공신력 있는 기관인 동 사무소 등에서 계약서에 확인도장을 찍어주고 확정일자부 번호를 계약서상에 기재하는 것을 말한다.

전세권을 설정한 임차인은 임대인의 동의 없이 전세권을 양도하거나 전전세를 할 수 있다. 반면 단순히 확정일자만 받은 경우에는 양도나 전전세에 있어 반드시 임대인의 동의를 얻어야 한다. 만일 계약기간이 끝났는데도 임대인이 보증금을 반환치 않는 경우 전세권설정등기를 한 임차인은 판결절차 없이도 직접 경매를 신청할 수 있다.

○ **주택임차보증금 대항요건**

　주택임대차보호법상의 보호를 받으려면 확정일자와 전입신고, 그리고 실제거주가 요건이다.

　자세히 살펴보면, 주택의 인도와 주민등록전입일 다음 날부터 대항력을 취득하며, 순차적우선변제권을 확보하기 위해서는 주택임대차계약서(전세권 설정계약서도 가능) 상에 법원(등기소) 또는 공증사무소나 동사무소에 확정일자를 받아야 한다. 다만, 지역별 소액임차보증금 내의 임차보증금은 확정일자 여부와 무관하게 주택의 인도와 주민등록전입을 당해 주택의 경매신청등기가 있기 전까지 완료해야 한다.

우선변제권이 인정되는 소액임차보증금액

(16.3.31. 이후에 등기된 경우)

(단위: 원)

| 지역 | 임차보증금 | 최우선 변제권 |
|---|---|---|
| 서울 | 1억 | 3,400만 |
| 수도권과밀억제권역(서울제외) | 8,000만 | 2,700만 |
| 광역시(인천, 군 제외) | 6,000만 | 2,000만 |
| 수도권과밀억제권역 아닌 인천(군 제외), 안산, 용인, 김포, 광주, 세종 | | |
| 그 밖의 지역 | 5,000만 | 1,700만 |

*보증금이외의 월세(차임)가 있을 경우의 임차보증금 산출기준 임차보증금 = 보증금 + (월세〈차임〉 X 100)

한편 계약기간이 끝났는데도 임대인이 보증금을 반환치 않는 경우 확정일자를 갖춘 임차인은 별도로 임차보증금반환 청구소송을 제기해 승소판결을 받아 강제집행을 신청해야 한다.


○ 상가건물 매도 시 임차인 동의 받아야 한다

상가 건물 소유자가 건물매도 시에는 임차인으로부터 "임대차 승계동의서"를 반드시 받아야 한다. 이 조치를 취하지 않을 경우 상가 건물 매도 후에도 향후 임차인들에게 임차보증금을 지급해야 하는 위험에 노출될 수 있다.

왜냐하면, 매도 시 매수자와 임대차계약을 승계하기로 한 합의를 하였어도 임차자가 이 승계에 대해 동의하지 않으면 임차자에게 효력을 주장 할 수 없기 때문이다.

'임대차승계동의서'는 상가 건물 매도 시 대항력 여부와 상관없이 임대차 승계 여부에 대한 임차인들의 의사를 문서형태로 받아 두어야 이중지급 위험으로부터 회피할 수 있다.

# 퇴직 후 건강보험료
# 인상 예방하려면?

급여생활자로 있던 사람이 퇴직하게 되면 건강보험료가 지역가입자로 전환되어 보험료가 올라갈 위험이 크다.

이때 '임의계속가입자 제도'를 활용할 필요가 있다.

임의계속가입자제도란 퇴직으로 인해 직장가입자에서 지역가입자로 변경 시 퇴직일의 다음 날부터 36개월간 임의계속가입자의 자격을 인정하고 직장에서 부담하던 수준의 보험료를 부담하도록 한 제도이다. 신청자격은 퇴직 전 1년 이상 근무자이어야 하며, 자격이 변동된 이후 처음으로 고지된 지역 보험료 납부 마감일에서 2개월 이내 공단에 신청하면 된다. 신청 이후 최초로 고지되는 임의계속보험료를 납부하지 않을 경우에는 자격이 취소되며, 재신청도 안 되니 유념해야 한다.

# 신분증, 카드관리
# 어떻게 할까?

　신분증이나 카드를 분실하였는지도 모르고 지내는 것이 가장 큰 위험이다. 신분증이나 카드 등 지갑에 있는 것들은 목록을 만들고, 분실 시 어디에 어떻게 신고를 하는지에 대한 내용과 함께 별도로 작성 보관해야 한다. 그래야 지갑 분실 시 바로 신고를 할 수 있기 때문이다. 또한, 지갑에 들어 있는 신분증이나 카드의 종류가 워낙 많다 보니 어떤 것이 없어졌는지 모르는 경우도 있다.

　고객이 경험한 사례로는 목욕탕에서 지갑을 통째로 훔쳐 가면 금방 알아차리니 카드 한두 개만 훔쳐가는 사고를 당하는 고객들을 본 적이 있다. 신용카드는 분실이나 도난 시 일정 기간 소급하여 보험혜택을 주므로 최소한 1달에 한두 번 정도 지갑에 들어 있는 각종 카드들을 점검한다면 카드 분실로 인한 위험은 회피할 수 있다.

　만약 분실 내역이 발생하면 카드 등은 해당 회사에 우선 전화 또는 인터넷이나 모바일로 분실신고를 하고 차후 재발급 신청을 하도록 한다.

특히 신분증은 신분증 도용피해 예방을 위해 금융소비자 정보포털 '파인(www.fine.fss.or.kr)'에 신분증 분실 사실 등록을 먼저 하고 재발급을 받도록 한다.

# 자동차세

## 조금만 신경 써도 절세

자동차를 구입할 때는 다양한 명목의 세금이 붙는다. 구입할 때는 취득세, 특별소비세, 부가가치세가 있고 보유 중에는 자동차세, 교육세, 유류세가 있다. 이러한 세금을 줄일 수 있는 방법으로 첫째, 지방자치단체에 내는 자동차세를 선납하면 최고 10%를 감면받을 수 있다.

자동차세는 매년 6월과 12월에 부과되는데 매년 1월에 선납하면 10%, 3월에 선납하면 7.5%, 6월에 선납하면 5%, 9월에 선납하면 2.5%를 줄일 수 있다. 지자체 방문, 전화, 전자납부 웹사이트를 이용하여 처리하면 된다.

또한, 자동차세는 보유기간에 따라 일할계산이 가능하므로 선납 후 중고로 팔거나 폐차 시 이미 납부한 자동차세의 환급을 신청할 수 있다.

승용차 요일제에 참여해도 자동차세가 감면된다. 다만, 지방자치단체별로 혜택이 상이하다.

차량등록지가 서울·인천·대구·울산 등지일 경우 자동차세 5%를 할인받을 수 있고, 대전·부산 등 일부 지자체는 10%까지 할인받는다. 승용차 요일제 제휴카드로 자동차세금을 납부하면 카드사에서 청구할인도 받을 수 있다.

은행을 활용하여 부자되는 습관

부자가
되기 위해
지금 무엇을
하는가
?

09

Well Dying

부자가
되기 위해
지금무엇을
하는가

# 아름다운 이별

살아내는 것 외엔 아무것도 보이지 않았던 바쁘게만 살던 젊은 날들!

세월이 흘러 여유가 생겨 주위를 돌아보면 병과 죽음이 가까이 와 있음을 느끼게 된다.

품위 있고 존엄하게 생을 마감하는 일!

나의 마지막을 아름답게 맞이할 수 있을까?

나는 대학병원 내 은행에 근무하면서 오랜 고통 속 투병생활을 하는 사람들을 많이 보았다. 치매, 뇌졸중 등으로 자신의 생각대로 살지 못하고 생을 마감하기까지의 긴 시간을 보내는 사람들을 볼 때가 가장 안타까웠다. 또 하나는 그들을 보내는 가족들의 다양한 모습들을 보면서 생을 아름답게 마감하는 것이 그렇게 쉽지만은 않은 일이란 생각이 들었다.

평생을 열심히 살았지만 정작 본인을 위하여는 돈 한 푼 쓰지 못하고 검소하게 살다가 마지막엔 주위 사람들에게 돈을 빌려주고 받지도 못한 채 돌아가시는 분도 보았다. 어디에 빌려주었는지 기록이 없기 때문에 그 자식들조차 받을 수도 없다. 여러 기록들은 있지만, 요건에 맞는 차용증을 작성하지 않았다면 빌려준 돈은 거의 받질 못한다. 병원비와 장례 치를 돈을 걱정하는, 여유가 없어 보이는 자식들의 모습을 보면 더욱 안쓰러웠다.

우리가 이렇게 생을 마감할 때는 아쉬운 점이 많다.

죽음은 당하는 게 아니라 맞이하는 것. 그래서 준비하여야 한다. 1년에 한 번씩 유언장도 써놓고, 의료행위는 어떻게 할지, 장례는 화장할지, 매장할지.

일본의 한 기업 CEO는 연명치료를 거부하고 몸과 정신이 허락하는 상태에서 감사 인사를 하는 '생전 정례식'을 치르기도 했다고 한다.

재산이 있다면 미리미리 증여도 해놓아야 할 것이다.

물론 죽을 때까지 절대로 재산을 자식에게 주지 말아야 한다는 말도 있다. 그러나 나는 조금 다른 생각이다. 작은 여유라도 있다면 자식이 돈을 필요할 시기에 주어야 한다. 요즘은 참 오래 살기 때문에 상속해 줄 때쯤이면 자식 나이도 만만치 않게 된다. 즉 자식도 그다지 돈이 필요 없는 시기라는 것이다. 그러므로 미리미리 자식들이 돈을 필요로 하는 시점에 증여를 하는 지혜가 필요하다.

생을 마감하는 일도 노후를 대비하는 것처럼 꼼꼼한 준비가 필요하다.

은행을 활용하여
부자되는 습관

# '사전연명의료의향서'란?

　불의의 사고나 아니면 노환으로 회생의 가능성이 없고, 치료에도 불구하고 회복될 가능성이 없다고 판단됨에도 불구하고, 심폐소생술이나 혈액투석, 항암제 투여, 인공호흡기 착용의 의학적 시술로서 치료 효과 없이 임종과정의 기간만을 연장한다는 것은 가족과 환자 본인에게도 참 고통스러운 일이다.

　최근 이러한 일들로 많은 법적 소송 건들이 발생하기도 했다. 이로 인해 국가에서는 국립연명의료관리기관 설립 추진단이 개설되었고 현재 시범사업으로 운영되고 있다.

　이 사업은 19세 이상의 성인이 사전연명의료의향서 등록기관과의 상담을 통해 '사전연명의료의향서'를 작성·등록하고, 의료기관에서 환자와 의사가 함께 '연명의료계획서'를 작성한다. 해당 환자를 직접 진료한 담당의사와 전문의 1인이 함께 환자의 의학적인 상태를 '임종과정'으로 판단한 경우 연명의료를 시행하지 않거나 중단하는 결정을 하게 된다.

'사전연명의료의향서'는 작성하였다가 마음이 바뀔 시 철회도 가능하다.

은행을 활용하여
부자되는 습관

# 장례는 어떻게 할까?

장례문화 중 우리가 잘 못 알고 있는 것들이 있다. 완장과 삼베수의가 대표적이다. 완장은 일제의 잔재이며 삼베는 죄인들이 입던 건데 일본이 비싼 명주 등을 약탈해 가면서 장례문화를 바꾸어 버렸다.

유적지에서 출토된 의상들을 보면 색동저고리나 비단이 나오기도 한다. 옛날 우리 조상들의 장례문화는 지금과 달랐다는 얘기다.

나는 죽을 때 나에게 가장 편했고 좋았던 옷을 입고 훨훨 자유롭게 이 세상을 떠나고 싶다.

장례비용은 얼마나 들까?

장사비용은 크게 장례비용과 장묘비용으로 나누어진다.

장례비용은 장례식장 이용, 접객·장의용품 구입, 염습, 차량이용 등 관련 비용이며 장묘비용으로는 매장은 평균 1,558만 원, 화장은 평균 1,328만 원가량이 들게 된다.

장사에 관한 정보를 알고 싶으면 정부에서 운용하는 'e-하늘 장사 정보시스템(www.ehaneul.go.kr)'을 참고하면 된다.

마지막 가는 모습!

가보지 않은 곳의 여행을 준비하며 가슴 설레던 젊은 날의 기억처럼, 아무도 모르는 세상으로의 아름다운 여행 준비를 차곡차곡 해 봄이 어떨까?

은행을 활용하여
# 부자되는 습관

| | |
|---|---|
| 초판 1쇄 | 2018년 05월 25일 |
| 2쇄 | 2018년 06월 25일 |

| | |
|---|---|
| 지은이 | 박은영 |
| 발행인 | 김재홍 |
| 디자인 | 이슬기 |
| 교정·교열 | 김진섭 |
| 마케팅 | 이연실 |

| | |
|---|---|
| 발행처 | 도서출판 지식공감 |
| 등록번호 | 제396-2012-000018호 |
| 주소 | 경기도 고양시 일산동구 견달산로225번길 112 |
| 전화 | 02-3141-2700 |
| 팩스 | 02-322-3089 |
| 홈페이지 | www.bookdaum.com |

| | |
|---|---|
| 가격 | 12,000원 |
| ISBN | 979-11-5622-367-2  03320 |

| | |
|---|---|
| CIP제어번호 | CIP2018013468 |
| | 이 도서의 국립중앙도서관 출판예정도서목록(CIP)은 서지정보유통지원시스템 홈페이지(http://seoji.nl.go.kr) 와 국가자료공동목록시스템(http://www.nl.go.kr/kolisnet)에서 이용하실 수 있습니다. |